FILOSOFAR e MEDITAR

com as CRIANÇAS

Dados Internacionais de Catalogação na Publicação (CIP)
(Câmara Brasileira do Livro, SP, Brasil)

Lenoir, Frédéric
 Filosofar e meditar com as crianças / Frédéric Lenoir ; tradução de Liliana Lindenberg. – Petrópolis: Vozes ; Hidrolândia: Vida Integral, 2025.

 Título original: Philosopher et méditer avec les enfants.
 ISBN 978-85-326-7041-0

 1. Filosofia para crianças 2. Meditações I. Título.

24-243456 CDD-108.3

Índices para catálogo sistemático:
1. Filosofia para crianças 108.3

Cibele Maria Dias – Bibliotecária – CRB-8/9427

FRÉDÉRIC LENOIR

FILOSOFAR e MEDITAR com as CRIANÇAS

Tradução de Liliana Lindenberg

editora vida integral

EDITORA VOZES
Petrópolis

© Éditions Albin Michel, Paris, 2016

Tradução do original em francês intitulado *Philosopher et méditer avec les enfants*.

Direitos de publicação em língua
portuguesa – Brasil:
2025, Editora Vozes Ltda.
Rua Frei Luís, 100
25689-900 Petrópolis, RJ, Brasil
www.vozes.com.br

Em coedição com:
Editora Vida Integral
Avenida Goiânia, Qd. 54,
Lt. 03, Centro
75340-000 Hidrolândia, GO
www.editoravidaintegral.com.br

Todos os direitos reservados. Nenhuma parte desta obra poderá ser reproduzida ou transmitida por qualquer forma e/ou quaisquer meios (eletrônico ou mecânico, incluindo fotocópia e gravação) ou arquivada em qualquer sistema ou banco de dados sem permissão escrita da editora.

Conselho Editorial Vozes

Diretor
Volney J. Berkenbrock

Editores
Aline dos Santos Carneiro
Edrian Josué Pasini
Marilac Loraine Oleniki
Welder Lancieri Marchini

Conselheiros
Elói Dionísio Piva
Francisco Morás
Teobaldo Heidemann
Thiago Alexandre Hayakawa

Secretário executivo
Leonardo A.R.T. dos Santos

Produção editorial Vozes

Aline L.R. de Barros
Anna Catharina Miranda
Eric Parrot
Jailson Scota
Marcelo Telles
Mirela de Oliveira
Natália França
Priscilla A.F. Alves
Rafael de Oliveira
Samuel Rezende
Verônica M. Guedes

Vida Integral

Editores
Anabella Araújo Silva e Alves Meira
Luciano Alves Meira

Editoração: Piero Kanaan
Revisão: Luciano Alves Meira
Diagramação: Editora Vozes
Revisão gráfica: Nilton Braz da Rocha
Capa: Érico Lebedenco
Ilustração de capa: Érico Lebedenco

ISBN 978-85-326-7041-0 (Vozes – Brasil)
ISBN 978-65-990987-7-2 (Vida Integral – Brasil)
ISBN 978-2-226-32237-1 (França)

Este livro foi composto e impresso pela Editora Vozes Ltda.

Que ninguém hesite em se dedicar à filosofia enquanto jovem, nem se canse de fazê-lo depois de velho, porque ninguém jamais é demasiado jovem ou demasiado velho para alcançar a saúde do espírito.

Epicuro, *Carta a Meneceu*

SUMÁRIO

Prefácio, 9
Nota do autor, 13
Prólogo, 15

A prática da atenção plena, 21
   Da meditação budista à plena presença, 21
   Instruções para iniciar a meditação, 23
   Praticar a presença plena com as crianças, 24
   O que as crianças e os adolescentes dizem a esse respeito, 25

A prática da filosofia, 31
   Há uma idade para se começar a filosofar?, 31
   A filosofia com as crianças: uma breve descrição da situação, 35
   As regras fundamentais e dez recomendações, 37
   Alguns testemunhos, 44

As oficinas de filosofia, 47
    O que é a felicidade?, 48
    O que é uma emoção?, 57
    O que é o amor?, 67
    O que é um amigo?, 79
    O ser humano é um animal como outro qualquer?, 84
    Será preciso responder à violência com violência?, 91
    Qual é a diferença entre acreditar e saber?, 106
    É melhor ser mortal ou imortal?, 113
    A vida tem um sentido?, 119
    O que é uma vida bem-sucedida?, 128

Vinte grandes noções em fichas, 141
• O amor • A arte • A beleza • O corpo e o espírito • O desejo
• O dever • O dinheiro • A emoção • A felicidade • A liberdade
• A moral • A morte • O outro • A religião • O ser humano
• A sociedade • O tempo • O trabalho • A verdade • A violência

Epílogo, 183
Agradecimentos, 187
Bibliografia, 189

PREFÁCIO

O filósofo e sociólogo Frédéric Lenoir tem atraído um número crescente de leitores em todo o mundo tanto pelos temas bem escolhidos que domina quanto pela prosa fácil e envolvente exibida em livros como O *milagre Espinosa*; *Jung, uma viagem em direção a si mesmo*; e *A odisseia do sagrado: a grande história das crenças e das espiritualidades*.

Esta obra que o leitor tem em mãos, escrita em uma linguagem despretensiosa, é um caso especial, que coloca o autor sob luzes ainda mais favoráveis, porque tem o potencial de se tornar referência para as mudanças mais profundas que precisamos promover no currículo educacional, nestes tempos de transformações desgovernadas.

Sabemos que as *metacrises* que explodem na pós-modernidade não pouparão nossas crianças. Listemos algumas delas, que vão muito além das crises tradicionais que atendem pelo nome de exclusão social e guerras internacionais: os extremos climáticos, as novas modalidades de violência urbana, as guerras culturais e tecnológicas pelo controle do pensamento da população, a ameaça à oferta de empregos por causa da ascensão da inteligência artificial, e, diante de tudo isso, a epidemia de ansiedade e de vazio existencial que ensombram a humanidade agora.

Pais e educadores deveriam se questionar, incessantemente, de que modo será possível fortalecer as novas gerações para que atravessem essas provas existenciais inéditas com alguma imunidade. Ora, o projeto desenvolvido com muito êxito pelo professor Frédéric Lenoir, em vários países, e cujos relatos são apresentados nas páginas seguintes, constitui, para dizer o mínimo, uma contribuição promissora nessa direção.

O autoconhecimento no centro do currículo

Há muito, tenho chamado a atenção para o fato de que os assuntos de *autoconhecimento* deveriam assumir, explicitamente, o centro do currículo escolar. Que sentido há em ensinar em abundância a proficiência em linguagens, em Matemática, em Ciências da Natureza e mesmo em temas sociais e de cidadania, sem que o aluno receba orientações bem-elaboradas sobre como navegar nas correntezas turbulentas do si mesmo?

A esse respeito, reproduzo, com pequenas atualizações, o que escrevi em meu livro *A segunda simplicidade*, de 2017:

Uma educação que não desperte a sensibilidade, que não lance questionamentos sobre a identidade profunda, que não desenvolva as forças de caráter, que não abra ao aluno os leques de suas próprias inteligências e talentos, que não o situe no mundo para cumprir um propósito autotranscendente, que não desafie o uso de sua capacidade criativa, que não promova o seu senso crítico e a sua autonomia de pensamento, não pode ser chamada de educação. É, na melhor das hipóteses, o que se convencionou chamar de ensino. Ensino temos muito, educação temos bem pouca.

Ora, o projeto de Lenoir associa, de forma simples e brilhante, a meditação e a Filosofia, para suprir, justamente, o que mais falta à maioria dos currículos.

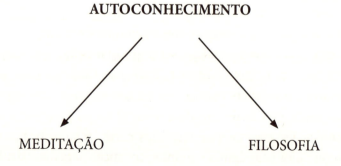

Desdobramentos esperados da meditação

Há uma profusão de estudos científicos demonstrando os benefícios da meditação para a saúde mental, emocional e física, mas o principal ganho das pessoas que fazem dela um hábito diário, ao longo dos anos, é uma experiência subjetiva e crescente de serenidade emocional perante as agitações sociais, os altos e baixos da existência e os cenários de incerteza. As crianças que enfrentarão as *metacrises* que enumerei anteriormente precisarão desse *locus* de força interior, gratuito e imediato, bem ao alcance de si mesmas.

O genial psiquiatra e filósofo Viktor Frankl ensinava que entre o que ocorre conosco e a nossa resposta, há um espaço. Nesse espaço, residem nosso poder e nossa liberdade de escolhermos nossa resposta. "Não é o que nos fazem que nos magoa; o que nos magoa vem da resposta que escolhemos dar ao que nos fazem", dizia o pai da logoterapia. Aqueles que, desde a infância, aprenderem a meditar uns poucos minutos, algumas vezes por dia, estarão mais bem preparados para responder livremente aos estímulos do ambiente tumultuado, deixando de agir e reagir por impulsos e passando a se comportar com base em valores conscientemente escolhidos. E é aqui que entra o papel da Filosofia.

Desdobramentos esperados da filosofia

O físico alemão Albert Einstein, aclamado pelas descobertas intuitivas que revolucionaram a Física Moderna, escreveu, ao final de sua vida, que o conhecimento na forma de conteúdo é morto, mas, porque a escola serve aos que estão vivos, ela deveria ter como objetivo formar "indivíduos capazes de ação e pensamento independentes, que, no entanto, vejam no serviço à comunidade seu mais importante problema vital". Não consigo encontrar uma síntese melhor para o papel da Filosofia na escola, especialmente quando – e esse é justamente o caso do projeto de nosso pensador – ela não é apresentada como o estudo de sistemas rígidos de saberes, criados por mentes privilegiadas, mas sim como uma prática de reflexão aberta para todos sobre temas essenciais da existência.

A Filosofia, assim democratizada, com exercícios aplicados por mediadores bem-preparados, deixa de ser um empreendimento intelectual infecundo. Ao contrário: ela se torna a chave para a compreensão do si mesmo, das influências biológicas, psicológicas e culturais das quais toda pessoa deve saber se libertar em favor da realização de valores éticos conscientemente escolhidos, sendo capaz de formular opiniões maduras e posicionamentos independentes no contexto da complexa problemática do mundo. E não apenas isso, mas também saber decidir de que forma colocará o melhor de seus talentos e esforços a serviço da comunidade, sem perder a vitalidade e a alegria de viver.

Em uma realidade cada vez mais regida por metamorfoses insidiosas e fatores intangíveis, nossos alunos precisam aprender a *Filosofar e meditar* para serem capazes de colocar em prática este conselho de Goethe: "Atenha-se com firmeza ao presente. Cada circunstância, cada instante tem valor infinito, pois é o representante de toda uma eternidade".

Luciano Alves Meira
Professor e editor

NOTA DO AUTOR

É com grande alegria que escrevo esta nota para celebrar a publicação do meu livro no Brasil!

Alegria ainda maior, tendo ele sido traduzido por Liliana Lindenberg, uma amiga querida do meu coração e que foi também uma das cofundadoras da Associação Seve, que promove formação de animadores de oficina de filosofia e meditação com as crianças em cinco países da francofonia.

Mais de 7 mil pessoas foram preparadas em sete anos, o que possibilitou a mais de 300 mil crianças participarem dessas oficinas, que favorecem o discernimento, a escuta ativa e a boa convivência com o outro.

Que esta obra possa difundir essa maravilhosa prática, desenvolvendo habilidades do pensar e de competências psicossociais nas crianças e nos adolescentes do Brasil!

PRÓLOGO

> "Mamãe, quando eu penso que esperei sete anos e meio para fazer filosofia!...", exclama Julien, ao voltar da escola, depois da sua primeira oficina de filosofia na aldeia de Brando, na Córsega.

Esta obra conta a fascinante aventura que conduzi com centenas de crianças de escolas primárias pelo mundo francófono – de Paris a Montreal, passando por Molenbeek, Abidjan, Pézenas, Genebra, Mouans-Sartoux, Brando, Fontenay-sous-Bois ou Pointe-à-Pitre.

As crianças têm essa extraordinária capacidade de questionar o mundo, de interrogar, de se maravilhar, de refletir, confrontar os seus raciocínios, em suma, de filosofar. Como dizia Montaigne, nós deveríamos, sobretudo, proporcionar às crianças, desde tenra idade, a ter uma cabeça "bem-feita" e não uma cabeça "bem cheia". Em vez de assimilarem conceitos (que é o que se faz atualmente, na França, na conclusão do ensino médio[1]), as crianças poderiam aprender a debater respeitando regras, aprender a desenvolver o pensamento crítico, o discernimento e as ideias próprias alicerçadas em argumentos racionais,

---
1. No Brasil, a disciplina de Filosofia é ministrada principalmente nos três anos do Ensino Médio.

e não em crenças e em opiniões. Por essa razão, estou há muito tempo convicto de que se deveria começar a filosofar no início do ensino fundamental e não no término do ensino médio... Mas essa já é uma prática, embora de forma periférica, há cerca de trinta anos, e eu não sabia disso!

Essa aventura começou em junho de 2015, quando conheci Catherine Firmenich, fundadora e diretora da Escola La Découverte, em Genebra, durante uma conferência, eu evoco essa questão que me é muito valiosa. No final da minha intervenção, Catherine veio até mim e disse: "É o que nós fazemos! Há vários anos que realizamos oficinas de filosofia com crianças dos 4 aos 11 anos". Embalado pela ideia de assistir, aceitei entusiasmado um convite para o início do ano letivo seguinte. Presencio, naquele momento, a uma oficina com crianças de 7 e 8 anos, conduzida por sua professora, Bernadette Raymond. Tal como os outros educadores da escola, Bernadette utiliza o "Método Lipman", que tem o nome do filósofo americano pioneiro das oficinas de filosofia para crianças na década de 1970. O seu método foi desenvolvido no mundo francófono por Michel Sasseville, professor na Universidade Laval de Montreal, e consiste em levar as crianças a refletir e a debater a partir de um texto. Sasseville encarregou-se de formar os docentes da escola. Naquele dia, as crianças comentavam um texto retirado da história de Helen Keller, quando ela ficou cega, surda e muda em decorrência de uma doença, e por isso se sentia inútil. "Por que é que ela se sente inútil?", pergunta Bernadette. Inicia-se, então, uma discussão animada, porém muito ordenada, pois cada criança levanta a mão para pedir a palavra, e enriquecida por alguns debates e reflexões. Fico profundamente comovido. Aquilo que eu imaginara existe e funciona bem.

Tenho apenas uma dúvida a respeito da necessidade de partir de um texto: por que não começar, à maneira socrática, diretamente com uma pergunta? "O que é ser útil?" Tomo, então, a decisão de dar continuidade a essa experiência, animando eu mesmo as oficinas, nas quais serão debatidas grandes questões filosóficas sobre a felicidade, o amor, a vida em conjunto, o sentido da vida, a morte, as emoções, a justiça etc.

Durante dois meses, lanço os alicerces dessa viagem que farei na companhia de pequenos filósofos, contatando professores ou diretores de escolas na França, na Suíça e na Bélgica. Como tinha também roteiros programados para Guadalupe, Canadá e Costa do Marfim, decido organizar oficinas nesses lugares longínquos, a fim de alargar a experiência e enriquecer-me com a grande diversidade cultural no seio da francofonia. De janeiro a junho de 2016, dedico-me totalmente a esse projeto: realizo cerca de cinquenta oficinas em dez escolas e com dezoito turmas diferentes. Conheço, dessa forma, mais de quatrocentas crianças, tendo me encontrado com algumas delas três ou quatro vezes (em Molenbeek, Genebra, Pézenas, Paris, Brando, Mouans-Sartoux), de modo a poder observar as suas evoluções.

Antes mesmo de dar início às oficinas, tive outra ideia. Um amigo, Jacques de Coulon, que estudou filosofia na mesma época que eu, no início dos anos de 1980, na Universidade de Friburgo (Suíça), havia começado, duas décadas antes, uma experiência inovadora num colégio nessa cidade, do qual foi diretor por muito tempo: a prática de meditação com adolescentes. Jacques me relatou como a introdução dessa prática cotidiana em todas as turmas havia mudado totalmente a vida dos alunos… e simplificado a dos professores! A meditação, entendida nesse caso como prática laica que desenvolve a capacidade de atenção, permite aos jovens acalmarem a agitação dos seus pensamentos, para estarem mais presentes e concentrados.

Por ser um praticante, há mais de trinta anos, da forma de meditação de atenção plena, decido então iniciar as oficinas com uma pequena sessão desse exercício, com o objetivo de reeducar a criança na sua receptividade sensorial, ensiná-la a não seguir o fio ininterrupto dos seus pensamentos, a estar presente em cada instante.

O resultado ultrapassou as minhas expectativas. Como descreverei mais à frente, citando testemunhos, as crianças ficaram entusiasmadas com esses dois exercícios. Ao fim de duas ou três sessões de meditação na classe, a maioria dos alunos continuou espontaneamente a praticar meditação em casa, muitas vezes para se acalmar quando se sentiam dominados por uma emoção, a exemplo da raiva. Vários professores, impressionados com a eficácia do treino da atenção plena, decidiram promovê-la diariamente, ou quando sentirem que os alunos estão agitados e irritados, para ajudá-los a se acalmar e a se concentrar novamente.

As oficinas de filosofia encantam as crianças por várias razões. Primeiro, porque é um dos únicos espaços em que podem dizer o que pensam sem repetir um conhecimento aprendido e sem se sentirem avaliadas ou observadas. Assim, os professores me disseram que se deram conta, graças às oficinas, da acuidade intelectual deste ou daquele aluno que se exprimia pouco no contexto escolar habitual. Inversamente, outras crianças, brilhantes na aprendizagem de conteúdos curriculares, se revelam mais embaraçadas quando se trata de expressar um ponto de vista pessoal e de argumentar para defendê-lo. Em segundo lugar, elas adoram discutir as grandes questões da filosofia existencial: a felicidade, a vida e a morte, as emoções e os sentimentos, a relação do indivíduo consigo próprio e com os outros etc. Têm poucas oportunidades de falar a respeito dessas questões, de dizer o que pensam sobre elas. Por fim, descobrem as virtudes do debate de ideias. Aprendem depressa a passar do confronto estéril de opiniões e crenças à elaboração de um pensamento, o que pressupõe escutar o outro e procurar argumentos susceptíveis de fazer progredir a reflexão comum.

Assim germinou a ideia de escrever este livro para apresentar aos educadores, aos pais e aos professores as virtudes da meditação e dos debates filosóficos para as crianças. Na realidade, a prática da atenção plena não deve se ater apenas ao âmbito escolar e pode perfeitamente se tornar um exercício individual, feito em casa. Não somente muitas crianças continuam a meditar em suas casas, isolando-se no seu quarto, como algumas me confessaram ter ensinado a técnica aos seus pais! Quanto às oficinas de filosofia, elas também podem ser adaptadas a um contexto familiar: basta reunir algumas crianças e conduzi-las a uma determinada reflexão a partir de uma pergunta ou de um texto.

Este livro propõe, assim, um método que permite animar oficinas de enfoque filosófico. A fim de ajudar os educadores que não têm formação em filosofia, apresento numerosos exemplos concretos em torno das principais noções abordadas, que ajudarão o adulto a compreender como conduzir uma oficina sem impor a sua opinião, mas apoiando-se sempre no que dizem as crianças, condição essencial para o progresso delas na reflexão e no debate.

Incluí no final do livro vinte fichas práticas abordando grandes noções filosóficas, que ajudarão os animadores a lançar e a dinamizar os debates. No mesmo espírito pedagógico, explico os fundamentos da meditação de atenção plena.

Uma verdadeira revolução está em curso em quase todas as partes do mundo educacional: a busca de um melhor desenvolvimento da criatividade das crianças, da sua inteligência emocional, do seu senso crítico, da sua responsabilidade como cidadãs. Fico feliz em poder trazer a minha contribuição a esse movimento, pois estou certo de que a melhora do mundo – e particularmente a luta contra o fanatismo – passa pela educação das nossas crianças. Principalmente por meio do despertar da sua inteligência e da sua consciência moral, da sua capacidade de gerir as suas emoções e de desenvolver uma lucidez, uma verdadeira liberdade e serenidade interior.

A PRÁTICA DA ATENÇÃO PLENA

A meditação é uma prática muito antiga, que assume formas extremamente diversas. No Ocidente, entendemos essa palavra sobretudo como a cogitação em volta de uma ideia ou de um texto. "Meditar" assume, assim, o sentido de refletir de modo profundo sobre um assunto preciso. Nas sabedorias orientais essa reflexão é encarada de um modo muito distinto: trata-se de um trabalho do espírito visando a um nível superior de compreensão, de consciência, a fim de se alcançar a Libertação, o Despertar, deixar de ser prisioneiro das ilusões do ego e da mente.

Da meditação budista à plena presença

Foi na tradição budista que a prática da meditação como método de libertação interior foi mais desenvolvida, enriquecida, refinada. Resumidamente, podemos distinguir duas etapas bastante diferentes. A primeira – *samatha*, em *pāli* – consiste em alcançar uma serenidade interior, em acalmar o espírito libertando-o do fluxo incessante dos nossos pensamentos. A segunda – *vipassana*, em *pāli* – visa libertar o espírito, despertar a compaixão, por meio de intenções e de exercícios de visualização, por exemplo. Os dois estados coexistem na maioria das vezes quando se está empenhado numa prática espiritual. Mas nada nos impede de separá-los e de utilizar a meditação unicamente como técnica de apaziguamento da mente e das emoções. A procura, nesse caso, deixa de ser um progresso espiritual em busca da libertação como objetivo final, mas apenas de um estado de calma e de atenção. É a essa "laicização" da meditação budista que assistimos há cerca de três décadas no Ocidente.

Os principais pioneiros dessa forma de meditação ocidentalizada foram Francisco Varela (1946-2001) e Jon Kabat-Zinn. Ambos, tendo entrado em contato com mestres zen e tibetanos na década de 1970, compreenderam a importância de uma prática meditativa "não religiosa" para os indivíduos modernos, tomados em suas vidas por um ritmo desenfreado e incapazes de gerir o estresse ligado ao fluxo incessante dos pensamentos e das emoções.

Francisco Varela, que conheci bem na década de 1990, quando fiz a minha tese de doutorado sobre o budismo no Ocidente, foi um neurobiólogo chileno, formado na Universidade de Harvard. Fez a sua carreira no Centro Nacional de Pesquisa Científica da França (Centre National de la Recherche Scientifique – CNRS) e dirigiu o laboratório de neurociências cognitivas e imagética cerebral no Hospital Pitić-Salpêtrière. Praticante de meditação budista, fundou em 1987 o Mind and Life Institute, que promove diálogos entre o Dalai Lama e renomados cientistas sobre o espírito e a consciência. Pioneiro da pesquisa sobre o cérebro dos praticantes de meditação por meio dos exames de neuroimagem, faleceu em 2001, porém numerosos pesquisadores do mundo inteiro estão dando continuidade ao seu trabalho. Entre eles, um francês, Antoine Lutz, que, depois de redigir uma tese sobre a consciência, orientada por Varela, se dedicou ao estudo da meditação por meio das neurociências. Diretor de pesquisa no Instituto Nacional da Saúde e da Pesquisa Médica de Lyon e no seio da universidade americana do Wisconsin, publicou estudos que mostram os efeitos da meditação sobre o cérebro. Uma de suas numerosas cobaias (que ele analisa com ajuda de eletrodos colocados na cabeça) é o célebre monge budista francês Matthieu Ricard. As observações de Varela provaram que as pessoas que praticam meditação têm uma melhor capacidade de atenção e concentração, que a meditação atua sobre a regulação das emoções e que favorece a sincronização das diferentes zonas cerebrais.

Muitos médicos, especialmente os psiquiatras, se interessam há muitas décadas pelos efeitos dessa prática sobre a saúde física e psíquica. Hoje em dia já está comprovado que uma prática regular de meditação é muito benéfica contra os problemas da ansiedade e da síndrome depressiva. É por isso que outro praticante de meditação budista, o médico americano Jon Kabat-Zinn, igualmente doutor em biologia molecular (no Massachusetts Institute of Technology), estuda, desde o final da década de 1970, os efeitos positivos do primeiro estado da meditação (o apaziguamento da mente por meio da atenção ao corpo) sobre o estresse e a ansiedade. Ele rebatiza a meditação de "*mindfulness*", termo bastante maltraduzido na língua francesa por "plena consciência", expressão ambígua, uma vez que não se trata de estar consciente, mas sobretudo de se estar presente, aqui e agora, prestando atenção à nossa respiração e às nossas sensações corporais. É por isso que prefiro chamá-la de "exercício da atenção" ou de "presença plena". O filósofo Fabrice Midal, que criou a Escola Ocidental de Meditação, tem exatamente o mesmo ponto de vista. Em 1979 Jon Kabat-Zinn lançou um método de redução do estresse baseado na prática da presença plena: a MBSR (Mindfulness Based Stress Reduction). Desde então, formou milhares de pessoas na transmissão dessa técnica, entre as quais o célebre psiquiatra francês Christophe André, que a aplicou com sucesso no tratamento de numerosos pacientes do Hospital Sainte-Anne, antes de a popularizar junto ao grande público no seu *best-seller*: *Meditar dia após dia* (*Méditer, jour après jour*).

Instruções para iniciar a meditação

Os princípios desse exercício de atenção são simples. Trata-se de não esperar nada, de estarmos simplesmente presentes, aqui e agora, no nosso corpo. Para isso, preferencialmente nos sentamos com as costas bem retas, as mãos apoiadas nos joelhos, as palmas das mãos abertas ou fechadas. Fechamos os olhos, ou então os mantemos semiabertos, com o olhar fixo no chão à nossa frente. Em seguida, direcionamos a nossa atenção para a respiração, para o ar que vai e vem dentro da nossa barriga, que entra e sai dos nossos pulmões, nos movimentos do peito e do ventre. Deixamos os pensamentos, que surgem a todo instante, passarem. Nós os observamos, sem julgamento, sem nos apegarmos, sem retê-los, e voltamos incessantemente para a atenção à respiração e às sensações corporais. A esse respeito, a presença plena inspira-se no Método Vittoz (do qual também pratiquei enquanto adolescente), uma reeducação à presença, pela percepção sensorial. Para não estarmos incessantemente tomados pelo fluxo dos nossos pensamentos e de nosso imaginário, aprimoramos uma atenção ao tato, aos odores, aos sons, ao que vemos e saboreamos. Essa atenção focada no corpo permite ao espírito se apaziguar.

Praticar a presença plena com as crianças

Os educadores, os pais e os professores sabem que as crianças têm cada vez mais dificuldade em se concentrar. Segundo alguns estudos, a sua capacidade de concentração não vai além de oito segundos! A meditação, como forma de praticar a presença plena, é-lhes então extremamente proveitosa. Numerosas experiências vêm sendo feitas nas classes de pré-escolas e nas creches nos últimos quinze anos. A mais conhecida é a da terapeuta e formadora holandesa Eline Snel. Ela ensina a meditação e a presença plena às crianças e aos adolescentes há mais de vinte anos e escreveu vários manuais práticos, adaptados para cada idade. Na Holanda, uma formação gratuita é proposta pelo Ministério da Educação a todos os professores do ensino fundamental. O sucesso mundial de seu livro *Calme et attentif comme une grenouille*, que aqui no Brasil foi traduzido como *Quietinho feito um sapo*, foi lançado na França em 2012 e, já tendo vendido mais de 120 mil exemplares, popularizou tal prática. Eline Snel também promove cursos na Holanda, na França, na Bélgica, na Espanha e até em Hong Kong! Em sua abordagem meditativa de presença plena, ela sugere que as crianças coloquem as mãos sobre suas barrigas para sentirem melhor a própria respiração – uma boa ideia, embora eu acredite que o ideal seja deixar a cada criança a escolha do posicionamento das mãos que mais lhe convier.

A prática meditativa nas escolas tem se propagado lentamente na França por meio de numerosas iniciativas isoladas, mas também graças a várias associações que criam uma rede de pedagogos e formadores, como a Enfance et Attention (Infância e Atenção), fundada por Laurence de Gaspary em 2012, que agrupa educadores formados nos métodos de desenvolvimento da atenção adaptados a crianças e adolescentes, baseados no protocolo MBSR de Jon Kabat-Zinn.

O que as crianças e os adolescentes dizem a esse respeito

Quando decidi iniciar as oficinas de filosofia com uma sessão de desenvolvimento da atenção plena passei, junto com cada turma, a perguntar às crianças se elas sabiam o que era a meditação, estando ciente de que nunca a tinham praticado na escola.

Em média, de duas a cinco em cada classe tinham uma ideia sobre a questão. Por vezes muito precisa, por outras um pouco vaga. Pequeno florilégio:

- **Maël (9 anos):** É para se descansar e não pensar em nada.
- **Charlie (9 anos):** É para esvaziar a mente.
- **Robin (11 anos):** Já tendo feito a experiência com o seu pai, disse: Quando estamos nervosos, esvaziamos a cabeça para zerar as emoções.

- **Clara (9 anos):** É uma coisa que acalma, procuramos a serenidade.
- **Ouali (7 anos):** É quando fazemos alguma coisa relaxante.
- **Maroua (8 anos):** Serve para ficar zen.
- **Péniel (8 anos):** É se concentrar na mente, não se deixar perturbar.
- **Donatella (10 anos):** Aprender a se concentrar melhor.
- **Marie (9 anos):** É ter tempo para refletir sobre alguma coisa.
- **Louise (10 anos):** É preciso respirar e pensar em coisas... quer dizer, é preciso não pensar em nada, na verdade!
- **Marius (9 anos):** É como um medicamento contra o estresse.
- **Enzo (10 anos):** Você se senta, você se concentra e você medita.
- **Texane (9 anos):** Quando você medita é para se esquecer de tudo.
- **Noémie (10 anos):** É quando o seu corpo dorme, mas você fica acordado.
- **Pénélope (9 anos):** É para trabalharmos melhor.
- **Eva (10 anos):** É para uma pessoa se acalmar e se descontrair.

A grande maioria das crianças que tem alguma ideia do que seja a meditação a percebe assim na sua versão oriental laicizada de "vazio de espírito" que nos permite relaxar, nos concentrarmos, encontrarmos a serenidade. Só duas dessas crianças evocaram a noção ocidental da meditação ("refletir sobre alguma coisa"), e uma delas mudou de ideia logo a seguir: "é preciso não pensar em nada, na verdade!" Isso revela que, por via de uma influência familiar ou cultural mais global, é efetivamente essa a noção da meditação como treino da atenção, tendo em vista alcançar a calma interior, que as crianças têm em mente quando ouvem falar no assunto.

Assim, antes de cada oficina de filosofia, pedi às crianças que se pusessem bem retas sentadas nas suas cadeiras, que apoiassem os pés no chão evitando cruzar as pernas, que pusessem as mãos sobre a mesa ou sobre os joelhos, que fechassem os olhos e dirigissem a sua atenção para a própria respiração, deixando passar os pensamentos. Os primeiros exercícios duravam dois ou três minutos. Constatei que a grande maioria das crianças aderia ao jogo e conservava os olhos fechados até o fim, embora houvesse quase sempre algumas mais agitadas que tinham dificuldade em praticar o exercício. Ao fim de algumas sessões, quase todas essas crianças conseguiram finalmente se entregar ao jogo, permanecendo em silêncio e concentradas até o fim. Pude, então, prolongar a duração do exercício até uns bons cinco minutos. Ainda mais facilmente, os professores, tendo assistido a algumas sessões de treino da atenção plena, decidiram, por vezes até a pedido expresso dos alunos, proceder a esse exercício fora das oficinas de filosofia, conforme testemunha Sophie Maire, professora do 1º e do 2º anos do ensino fundamental na escola pública Jacques-Prévert, em Pézenas:

> Recorri várias vezes à meditação com os alunos em momentos de transição entre as atividades, ou antes de começar um trabalho, ao sentir que eles não estavam prontos por estarem demasiadamente agitados ou dispersos. O simples fato de se voltarem para si próprios lhes permitia mudar de atitude em poucos minutos, ganhando calma e concentração. Isso também nos deu a oportunidade de falar sobre as técnicas a que cada um recorria para encontrar a calma, e de reconhecer que acontecia a todos de ficarmos irritados, cansados, e que podíamos tentar sair desse estado se decidíssemos fazê-lo. Alguns alunos apreciavam tanto aqueles momentos que começaram a praticar a meditação em casa.

Esse último ponto é uma das coisas que mais me emocionaram. No final do ano letivo, na última oficina, perguntei às crianças se elas haviam adotado a prática da meditação em casa. Para minha grande surpresa, constatei que, em todas as turmas, cerca de dois terços dos alunos responderam afirmativamente. "Por que razão?", perguntei-lhes. Seguem algumas respostas bem representativas do todo:

> **Violette (9 anos):** Serve para acalmar a minha raiva quando me dá vontade de brigar com a minha irmã mais nova. Digo para mim mesma antes de começar a briga: "Vou meditar e refletir sobre o que vou fazer, porque ela pode não entender".
>
> **Castille (9 anos):** Me faz esquecer todas as coisas que me irritam, que me estressam.
>
> **Jeanne (9 anos):** Por exemplo, quando estamos na aula, ao voltar do recreio, estamos geralmente um pouquinho agitados, e, quando fazemos meditação, nos faz bem, porque relaxa o corpo e, além disso, ajuda a gerir melhor as coisas. Às vezes é útil saber não pensar.
>
> **Clarisse (10 anos):** Para mim, me ajuda quando estou furiosa. Faço isso, e depois me ajuda a não fazer mais movimentos bruscos.
>
> **Édouard (9 anos):** Para mim, me ajuda a dormir, porque, na verdade, eu adormeço fazendo meditação.
>
> **Hector (9 anos):** Às vezes, quando estou estudando e penso em outra coisa ao mesmo tempo, bem, ela serve para me ajudar a me acalmar e a me concentrar.
>
> **Victoria (10 anos):** Ajuda a me concentrar. Quando eu quero me concentrar no estudo, eu faço meditação.
>
> **Lucile (9 anos):** Me ajuda a controlar as minhas emoções, me traz bem-estar e me calma.
>
> **Arthur (10 anos):** Paro de pensar, me concentro, tento relaxar e me distanciar das outras coisas.

Nathalie Casta, professora do 4º e do 5º anos na escola pública de Brando, pequena aldeia da Alta Córsega, resume bem os benefícios que o treino da atenção plena traz às crianças:

> A meditação trouxe um retorno à calma física e mental. Pratico a meditação no início de cada sessão de filosofia e quando sinto a turma agitada, excitada, irritada, depois da hora do lanche ou de um período de recreio. É uma forma de acalmar as crianças muito mais eficaz do que se eu os ameaçar com um castigo de maneira autoritária, porque a calma que conseguiria recorrendo à minha autoridade seria muito mais superficial. Ao se concentrarem nos seus corpos, nas suas respirações, entram numa verdadeira calma interior – e eles amam fazer o exercício.

A PRÁTICA DA FILOSOFIA

Há uma idade para se começar a filosofar?

A partir de que idade podemos praticar a filosofia? A maioria dos filósofos e professores a quem fiz essa pergunta continua convencida de que a filosofia requer maturidade intelectual e aquisição prévia de certas noções. Aliás, Aristóteles afirmava que era difícil alguém se tornar filósofo antes dos 45 anos! Tudo depende, no fundo, daquilo que entendemos por "prática da filosofia". Se se tratar de uma reflexão conceitual que implique a leitura dos grandes autores, não será, de fato, fácil nos dedicar à filosofia antes de sermos capazes de ler textos por vezes complicados, o que justifica o ensino da Filosofia no final do ensino médio. Mas não poderemos também conceber essa disciplina à maneira socrática, isto é, como um questionamento exigente que permite à razão progredir e ao pensamento se aperfeiçoar? Nesse caso, não é uma questão de adquirir um saber, mas de aprender a pensar. A verdade é que não há ao certo uma idade definida para começar! Era o que pensava Montaigne, que pontua, no capítulo XXVI do seu primeiro livro de *Ensaios*, que "uma criança é capaz de filosofar, ao se separar de sua babá, muito mais facilmente do que aprender a ler e a escrever". É também o ponto de vista de Epicuro, que começa assim a sua *Carta a Meneceu*: "Que ninguém hesite em se dedicar à filosofia enquanto jovem, nem se canse de fazê-lo depois de velho, porque ninguém jamais é demasiado jovem ou demasiado velho para alcançar a saúde do espírito". Assim, no que se refere às crianças, falaremos de oficinas "de enfoque filosófico". O animador não vai tentar transmitir conhecimentos, como na escola, mas ajudá-las a desenvolver um pensamento próprio, um espírito crítico, uma capacidade de raciocinar sem recorrer a crenças e opiniões. Em se tratando de oficinas de grupo, a criança aprende a escutar os outros, a dialogar, a argumentar.

Quando dei início ao projeto de promover oficinas de filosofia, decidi começar pelas crianças mais crescidas da pré-escola, de 4 a 5 anos; até às do 6º ano, de 9 a 11 anos. Rapidamente me deparei com algo que chamou muito a minha atenção: há realmente um salto qualitativo na capacidade de pensar das crianças, entre o antes e o depois dos 6-7 anos de idade. O psicólogo e epistemólogo suíço Jean Piaget, que entre as duas guerras mundiais publicou numerosas obras sobre o desenvolvimento do pensamento da criança, classificou essa fase determinante de "idade da razão". Embora a teoria de Piaget – que vê um progresso linear da inteligência, degrau a degrau, do nascimento até a idade adulta – seja criticável sob vários aspectos, posso apenas confirmar que é muito mais fácil aplicar oficinas de perspectiva filosófica com crianças com mais de 6-7 anos. Verifiquei, de fato, que nessa faixa etária são mais capazes de ultrapassar a expressão do que sentem e de argumentar de maneira mais abstrata. Por exemplo, sobre a felicidade, os alunos do ensino pré-escolar não conseguem, espontaneamente, dar mais do que exemplos concretos do que os deixam felizes: amar os pais, brincar com amigos, tomar um sorvete etc. Já as crianças com 6-7 anos respondem de modo muito diferente, revelando-se capazes de um pensamento mais abstrato, do tipo "A felicidade é a realização dos nossos desejos", e conseguem entrar num debate profundo sobre o caráter indefinido do desejo... esse desejo que pode, afinal, nos tornar infelizes![2]

---

2. Conferir nesta obra a oficina de filosofia: "O que é a felicidade".

Como explica a Doutora Catherine Gueguen, em sua notável obra *Por uma infância feliz: uma nova educação de acordo com as descobertas recentes sobre o cérebro humano*, os estudos recentes sobre o desenvolvimento cerebral revelam que o cérebro das crianças passa, entre os 5 e os 7 anos, por uma produção intensificada de neurônios e das suas ligações, o que favorece o estímulo dos lobos temporais e frontais, essenciais nos processos cognitivos e na regulação das emoções. Por esse motivo, por volta dos 6-7 anos, as crianças são, simultaneamente, mais capazes de gerir as suas emoções e de elaborar um pensamento abstrato. A expressão "idade da razão" é, assim, duplamente apropriada: a criança torna-se mais sensata no seu comportamento emocional, mas também mais apta no que se refere ao raciocínio.

Alguns educadores que aplicam, em certos casos há vários anos, oficinas de filosofia no ensino pré-escolar me dirão que as crianças de 4 ou 5 anos são, por vezes, capazes de reflexões de uma grande profundidade, e isso é inegável. Em primeiro lugar, porque, entre os 3 e os 5 anos, elas experimentam um verdadeiro questionamento metafísico, interrogando-se sobre Deus, o sentido da vida, a morte etc. Mas esse questionamento, essa perplexidade, ainda não as torna necessariamente aptas a formular um raciocínio para tentar responder a essas perguntas existenciais. Em segundo lugar, é certo que o meio afetivo e o social que banham a criança favorecem – ou, pelo contrário, comprometem – o crescimento do cérebro, consequentemente encontramos, numa mesma turma, crianças muito mais maduras intelectualmente do que outras. Então, acontece por vezes de uma criança bem pequena soltar uma "pérola" extraordinária, palavra de grande profundidade que julgaríamos saída de um livro de Sêneca ou de Confúcio! Mas, na maioria das vezes, a criança tem dificuldade em explicar depois o que disse e não saberá repeti-la na sessão seguinte se lhe pedirmos que o faça. No entanto, o que me diz a experiência é que uma criança mais velha é geralmente capaz de fundamentar a sua ideia e de a reformular posteriormente, por vezes até a aperfeiçoando.

Será preciso, então, renunciar a fazer oficinas de filosofia com as crianças do ensino pré-escolar? Certamente que não! Mas não devemos esperar que desenvolvam uma verdadeira argumentação logo nas primeiras sessões. O tempo aqui é um trunfo precioso. Recomendo vivamente a visualização do belo documentário *Apenas um começo* (*Ce n'est qu'un début*). Durante dois anos, os diretores acompanharam uma educadora que promoveu oficinas de filosofia com uma classe do jardim de infância da Escola Jacques-Prévert de Mée-sur-Seine. O filme, repleto de emoção e poesia, mostra a evolução progressiva de uma classe na elaboração de uma reflexão comum em torno de grandes temas como o amor, as emoções, o respeito pelos outros etc.

A outra vantagem das oficinas de filosofia no ensino pré-escolar é permitir que as crianças aprendam a se escutar e a trocar pontos de vista de modo construtivo. Quando animei uma primeira oficina de filosofia em Genebra, na Escola La Découverte, reparei que as crianças do ensino pré-escolar que já praticavam esse tipo de discussão com a sua educadora tinham as regras bem interiorizadas: cada uma dá a sua opinião livremente, escuta as outras e exprime o seu acordo ou o seu desacordo, como indica essa pequena troca que tive num começo de sessão:

> **Frédéric:** Vocês já fizeram oficina de filosofia com a professora?
> **Crianças:** Sim.
> **F:** Então vocês sabem o que é a filosofia?
> **Crianças:** Sim.
> **F:** Quem quer me explicar o que é?
> **Wilfred:** É alguma coisa quando falamos.
> **Lucie:** É quando falamos sobre um tema.
> **Emma:** Conversamos.

F: Conversamos sobre tudo?
Emma: Não!
F: Então, conversamos sobre o quê?
Emma: Sobre alguma coisa.
F: A filosofia é conversar sobre uma coisa, é isso?
Várias vozes: Sim, sobre um tema, quando falamos sobre estarmos irritados ou sobre alguma outra coisa.
F: E todos falam ao mesmo tempo?
Crianças: Não, levantamos a mão e depois alguém, a professora, nos dá a palavra. Depois falamos.
F: E vocês escutam o que dizem os outros?
Crianças: Sim. Sim, olhamos para quem está falando.
Uma voz: E, quando concordamos, olhamos essa pessoa nos olhos.
F: E se não estiverem de acordo?
Uma voz: Não olhamos.
Outra voz: Não olhamos.
F: Então, escutam os outros e depois, às vezes, mudam de ponto de vista por causa do que dizem os outros?
Crianças: Siiim.
F: Ou será que pensam todos a mesma coisa?
Uma voz: Não.
Várias vozes: Às vezes.
Sami: Sim, às vezes.

A filosofia com as crianças: uma breve descrição da situação

O primeiro pedagogo a elaborar um método para trabalhar a filosofia com crianças foi o filósofo americano Matthew Lipman, na década de 1970. A ideia fundamental dele foi criar uma "comunidade de pesquisa", fazendo um grupo de crianças refletir sobre questões de alcance filosófico, partindo-se da leitura de um texto. Escreveu, assim, dezenas de romances filosóficos, que servem de base a essas discussões. As crianças leem em voz alta passagens de um texto adaptado ao seu nível, escolhem as questões e as debatem na presença de um animador, que tem por função ajudá-las a progredir juntas na reflexão, sem procurar lhes transmitir o seu saber. O trabalho de Lipman (falecido em 2010) continua a ser aplicado por meio do Instituto para o Avanço da Filosofia para Crianças (IAPC) e o seu método foi transposto para o Quebeque por pesquisadores da Universidade de Laval, entre os quais Michel Sasseville, que o aperfeiçoou e ensinou em várias escolas do mundo francófono.

Nos últimos quinze anos, a filosofia com as crianças foi ensinada também na França de um modo muito diferente. A maioria dos pedagogos franceses se distanciou dos textos de Lipman, ainda que muitos deles preconizem iniciar a oficina partindo-se da leitura de um texto, que poderá ser retirado, por exemplo, da literatura juvenil. O principal método seguido será o das oficinas de filosofia AGSAS, iniciado em 1996 pelo psicanalista Jacques Levine e pela Professora Agnès Pautard, que parte de um tema lançado por uma palavra "indutora" e convida as crianças a se expressarem livremente, passando umas às outras um "bastão da palavra", na presença, silenciosa, do professor. Em seguida, o método de Michel Tozzi, que fundou em 1998, na Universidade de Montpellier, um polo de pesquisa consagrado a essa questão. Iniciado por Alain Delsol e Sylvain Connac, esse método foi desenvolvido por Jean-Charles Pettier no Instituto Universitário de Formação de Professores de Créteil, que publica excelentes fichas para oficinas de filosofia na revista *Pomme d'Api*. Esse método muito elaborado procura articular dois elementos essenciais: um contexto de discussão democrático com uma divisão de diversos papéis entre alunos (presidente de sessão, reformulador, sintetizador, debatedores, observadores), e a função central do professor-animador, que acompanha a sessão coletiva por meio de intervenções dirigidas (definições de noções, distinções conceituais etc.). O método, enfim, de Oscar Brenifier, inspirado na maiêutica socrática, difundida pelo Instituto de Práticas Filosóficas (IPP) e por Isabelle Millon, que visa, de modo mais geral, difundir a prática da filosofia nas zonas periféricas (escolas, mediatecas, prisões etc.).

Esses métodos têm por principal objetivo permitir à criança organizar o seu pensamento e aprender a discutir com os outros. Alguns, como o das oficinas AGSAS, insistem mais na utilidade para a criança de descobrir que ela se encontra na origem do seu próprio pensamento, enquanto o Método Tozzi visa antes provocar uma discussão democrática entre as crianças. O papel do professor difere de um método para outro, assim como a flexibilidade ou a rigidez do contexto e também o suporte utilizado como ponto de partida. Enquanto Matthew Lipman propõe os seus próprios romances, Jacques Levine parte de uma palavra-chave e Michel Tozzi gosta de utilizar os mitos platônicos. Edwige Chirouter parte sempre de histórias. Essa jovem professora da Universidade de Nantes, doutora em ciências da educação, pratica há quinze anos as oficinas de filosofia na linha de Michel Tozzi, seu orientador numa tese sobre o tema. Especialista em Jean-Jacques Rousseau, ela se interessa especialmente pela ligação entre filosofia e literatura e acaba de ser encarregada pela Unesco de criar e animar uma cadeira de filosofia para crianças, que tem como objetivo coordenar e promover as iniciativas que florescem um pouco por todo o mundo (oficialmente inaugurada a 18 de novembro de 2016 na sede da Unesco em Paris). Esplêndida ideia!

As regras fundamentais e dez recomendações

Essa diversidade é, sem dúvida, uma riqueza, e seria em vão, creio eu, afirmar que um método é superior aos outros. Quando comecei a filosofar com as crianças não tinha lido nada sobre o assunto e isso me permitiu um novo olhar sobre a questão.

Seguindo a minha intuição e a impressão que eu ficava das reações das crianças, recorria àquilo que me era mais natural: uma forma de maiêutica socrática; a partir de uma interrogação, fazer perguntas falsamente ingênuas, escutar e orientar a discussão de modo que as crianças procurassem a precisão, as nuanças e as contradições dos seus raciocínios. Os capítulos seguintes oferecem uma dezena de exemplos de perguntas sobre temas, tais quais a felicidade, as emoções, o sentido da vida, o respeito pelo outro etc. Mas, antes, serão expostas dez recomendações tiradas da minha experiência de oficinas de filosofia com as crianças. Elas apresentam algumas regras a fornecer aos alunos e que serão úteis aos animadores.

1ª recomendação: preparar um espaço que favoreça a discussão entre as crianças

De modo a facilitar o diálogo entre as crianças, é preferível dispô-las em círculo. Assim, poderão olhar umas para as outras enquanto falam entre si. Essa disposição tem a vantagem de incluir o animador no círculo, no mesmo nível das crianças, em vez de estar no lugar habitual do professor: de frente para os alunos para lhes transmitir o seu saber. Em algumas classes, em virtude da disposição fixa das mesas que não podemos mover para a oficina, essa configuração é impossível. O debate não deixará de se realizar por isso, mas o animador deverá explicar que está ali numa postura diferente daquela que é, tradicionalmente, a do professor e se certificará de que as crianças se olham enquanto debatem.

2ª recomendação: perguntar a opinião das crianças sobre a filosofia

É preciso saber o que as crianças têm em mente quando se fala de filosofia. Fazemos-lhes simplesmente a pergunta logo na primeira oficina de uma turma: "Sabem o que é a filosofia? Para que serve?" Alguns exemplos de respostas obtidas:

Louis (8 anos): É gostar de refletir.

Ninon (9 anos): É refletir sobre como a vida poderia ser melhor.

Gocha (8 anos): É para aprender a viver melhor.

Louise (9 anos): É alguma coisa para conseguir empurrar o pensamento para refletir.

Adam (9 anos): É ter ideias para tornar o mundo melhor.

Inoa (10 anos): É pensar sobre o sentido da vida.

Elia (9 anos): É quando várias pessoas dizem o que pensam, mesmo que as suas ideias sejam diferentes das ideias dos outros, e todo mundo se escuta.

Jocelyne (10 anos): É adaptarmos o nosso pensamento com as ideias dos outros.

Julien (7 anos): É falar sobre a felicidade.

Alice (9 anos): É compartilhar os seus pontos de vista, mas é também a vida em geral. Viver todos os dias é fazer filosofia.

Adil (9 anos): É se fazer perguntas sobre tudo.

3ª recomendação: dizer às crianças quais são as regras do jogo

Quando se inicia uma oficina de filosofia é necessário explicar às crianças do que se trata e definir algumas regras.

- Não se trata de uma aula, na qual há um professor que sabe e alunos que aprendem. Nessa oficina, são vocês que vão expressar livremente as suas opiniões. O animador não está aqui para julgar, para dar notas, para avaliar os seus conhecimentos. Ele está presente só para acompanhar vocês, ajudá-los a formular o seu pensamento e a dialogarem uns com os outros.
- Quando se faz uma pergunta, aqueles que querem responder levantam a mão. É o animador que distribui a palavra.

- Evitaremos, na medida do possível, repetir o que já foi dito. Se já foi posta uma pedra no edifício da reflexão coletiva, não há necessidade de voltar a colocá-la. Quando se toma a palavra, deve ser para trazer algo novo à discussão: um esclarecimento, um desacordo, outra ideia.
- Escutaremos atentamente o que dizem os outros e evitaremos todo tipo de zombaria e todo julgamento ou censura.
- Quando não estivermos de acordo com uma ideia colocada por outra criança, ao chegar a nossa vez de falar, diremos, olhando para esse colega: "Eu não concordo com você, porque…".
- Procuraremos sempre argumentar a nossa opinião. Assim, descartaremos as respostas "sim" e "não", ou as opiniões não fundamentadas.

4ª recomendação: escolher uma introdução que favoreça o debate

Conforme vimos, há muitas formas de dar início a um debate. Podemos escolher um texto que será lido por uma ou mais crianças e que suscitará uma questão filosófica, de modo a lançar a discussão, ou propor uma palavra e ver como ressoará nas crianças. Por exemplo: "amor", ou "liberdade", ou "justiça". Podemos também apresentar uma citação. Eis aqui duas a partir das quais eu já iniciei um debate sobre a felicidade e outro sobre o amor: "Reconheci a felicidade pelo barulho que ela fez ao partir" (Jacques-Prévert) e "Quanto mais conhecemos, mais amamos" (Leonardo da Vinci). À semelhança de um texto, também um anúncio de publicidade, um desenho, um trecho de filme, provocarão um questionamento filosófico. Por fim, e foi o que fiz na maior parte das vezes, podemos partir de uma pergunta: "O que é uma vida bem-sucedida?", "A autoridade é legítima?", "O que é um amigo?" etc.

5ª recomendação: o animador deve evitar ao máximo dar o seu ponto de vista; pode apenas contribuir com o esclarecimento de noções

É difícil para o animador manter-se numa posição neutra. Muitas vezes, as crianças nos perguntam o que pensamos! Da mesma forma não devemos demonstrar juízos negativos quando uma delas comete um erro, mas orientá-la com gentileza se a sua resposta sair do assunto, o que ocorre com frequência. Já me aconteceu uma vez de lançar uma ponta de ironia a uma garota que respondera completamente à margem da questão. Ela corou e depois pediu licença para sair da sala. Fiquei me sentindo muito mal e conversei demoradamente com ela depois para me desculpar daquilo que ela sentira como um comentário debochado.

É tão importante que o animador não apresente de imediato o seu ponto de vista relativo ao tema abordado, quanto também me parece muito útil esclarecer noções no decorrer do debate. Por exemplo, numa oficina sobre as emoções, quando as crianças sentem que há uma diferença entre uma emoção curta (uma paixão) e uma emoção duradoura (uma história de amor que se prolonga no tempo), nós as guiaremos de modo a distinguir a emoção (breve) do sentimento (duradouro). Esses esclarecimentos lhes permitirão associar palavras precisas a ideias que elas já têm, mas que não conseguem exprimir claramente por falta de um conhecimento conceitual ou linguístico suficiente. Por vezes, pode ser útil lhes trazer breves informações sobre a história da filosofia. Isso as ajuda a progredir na sua reflexão.

6ª recomendação: o animador deve se apoiar nas respostas das crianças para lançar ou relançar o debate

É evidente que o animador deverá refletir previamente sobre a questão apresentada, para poder animar o debate e o relançar. Se as crianças sentirem dificuldade em avançar numa questão mais complexa, intervir, trazendo uma citação ou reformulando a pergunta, lhes será útil. Mas, na maioria das vezes, o debate progride naturalmente com as respostas das crianças. O papel principal do animador consiste em promover a discussão, sobretudo quando uma criança faz uma observação especialmente pertinente, ou uma declaração contestável, na ocasião de um diálogo fértil. Assim, num debate com alunos do 2º ano sobre o tema "O que é uma vida bem-sucedida?", uma criança respondeu: "É viver o máximo de tempo possível". Eu perguntei: "Vocês estão de acordo com ela?" E muitas mãos se ergueram não concordando. Em outra oficina sobre a felicidade, um aluno do 4º ano disse: "A felicidade é ter muitas coisas". Relancei, então, o debate sobre o tema, e foi extremamente rico.

7ª recomendação: relançar o debate quando ele se perde no meio de anedotas

Ocorre com frequência de o debate estagnar num ponto anedótico, mas que apaixona as crianças, por uma delas ter exposto um caso concreto e todas quererem compartilhar um testemunho. Um dia estávamos falando sobre emoções. Uma criança deu o exemplo de um medo que havia sentido e todos os colegas quiseram contar episódios nos quais também tinham sentido medo! Poderíamos ter passado a sessão inteira nisso, mas preferi pedir a elas que retornassem à questão inicial: "O medo, como a tristeza ou a raiva, pode ser considerado uma emoção negativa?"

8ª recomendação: dar a palavra às crianças que não falam

Numa turma há sempre alguns alunos que levantam sistematicamente a mão para falar. Ainda bem que é assim, pois são eles que fazem a discussão progredir. Mas, muitas vezes, isso inibe os outros, que têm medo de tomar a palavra e dizer coisas menos pertinentes do que os colegas. Torna-se, assim, necessário, após uns quinze minutos de debate, por exemplo, interrogar os silenciosos para lhes perguntar o que pensam. Descobriremos crianças mais tímidas que, todavia, têm ideias próprias e sensatas.

9ª recomendação: sintetizar as respostas e reformular

Quando o debate está rico e vai um pouco para todos os lados é importante o animador fazer, de tempos em tempos, uma síntese do que foi dito. Quando ele reformula assim o essencial, as crianças memorizam melhor o que elaboraram coletivamente e se relançam num debate construtivo. Podemos igualmente, ao longo da oficina, listar certos pontos na lousa. A utilização de um suporte de imagem garante uma melhor memorização. Algumas vezes pedi a uma das crianças que escrevesse no quadro a reformulação do que tínhamos elaborado em conjunto. Por exemplo, num debate sobre "o sentido da vida", as diversas respostas foram anotadas antes de a discussão prosseguir e se aprofundar: "ser feliz", "fazer bem aos outros", "fazer aquilo que se gosta", "amar", "agir bem" etc.

10ª recomendação: guardar um registro escrito das oficinas

Percebi, à medida que as oficinas se sucediam, que a maioria das crianças tinha se esquecido de certas distinções de conceitos fundamentais que haviam estabelecido na sessão anterior! Embora uma oficina de filosofia já se revele bastante útil mesmo sem trazer esse componente conceitual e linguístico, é uma pena que não possa servir para enriquecer de maneira mais duradoura o pensamento e o vocabulário das crianças. Recomendo assim, vivamente, que lhes seja entregue um pequeno caderno intitulado "O meu caderno de filosofia", no qual as convidamos, no final de cada sessão, a reservar cinco minutos para anotar as ideias que as marcaram ou as palavras que aprenderam. Podemos também estimulá-las a escrever ideias que elas tenham sobre os temas tratados, por exemplo, fora das oficinas.

Alguns testemunhos

Os professores me deram um retorno de suas impressões sobre as oficinas de filosofia aplicadas com as suas turmas nos casos em que as sessões foram regulares (pelo menos três ou quatro sessões, com um mês de intervalo). Por falta de espaço, transmitirei aqui somente o testemunho de Catherine Houzel, professora na escola privada Fénelon, em Paris.

A experiência vivida pelos alunos do 4º ano foi única. É impossível citar aqui todos os momentos fortes, mas guardarei por muito tempo a lembrança dessas crianças que vi crescer. Propor aprender a conhecer as suas emoções, dar-lhes nomes antes de aprender a gerenciá-las pode parecer árduo. Prosseguir buscando conversas que abordem o tema dos sentimentos e começar a identificá-los, sem os confundir, pode parecer tão difícil quanto. Porém, a resposta dos alunos ao convite foi além de todas as expectativas. A oficina se inicia com uma pergunta e o diálogo se desenrola. Elas revelaram uma espantosa capacidade de escuta e de debate. As palavras das crianças fluem, as reflexões se sucedem e os pontos de vista divergem. Cada um tem um ponto de vista e pode exprimi-lo, sem julgamento e numa escuta positiva. O debate é guiado e relançado a partir de uma intervenção particularmente pertinente, que favorece um progresso na reflexão pessoal e coletiva.

A maturidade e a profundidade das suas reflexões continuam a me surpreender. Os alunos propõem exemplos que orientam a discussão. Eles exprimem, explicam, argumentam, reagem. Partimos de um novo ponto, avançamos. Os debates são intensos, animados, interessantes, às vezes surpreendentes, mas sempre enriquecedores. Senti os pontos de vista evoluírem. Sinto que eles experimentaram que a filosofia se faz coletivamente, que é uma reflexão pessoal, mas é preciso escutar o que dizem e o que pensam os outros. Eles aprenderam a pensar juntos e amaram essa experiência.

Eu também os descobri diferentes do que são nas aulas do dia a dia. Um que é habitualmente muito calado desperta durante as oficinas, outro surpreende pela sua atenção nos colegas! Cada um participou à sua maneira, segundo a sua personalidade. Com o passar das semanas, eles desenvolveram uma verdadeira capacidade de se expressarem, de procurar as palavras certas para que aquilo que sentem sobre determinado assunto seja bem-compreendido.

Eles testemunharam inúmeras vezes, para mim, bem como para as suas famílias, que tinham tido sorte em viver essa experiência, e estavam tão orgulhosos de terem sido chamados de "super-pequenos-filósofos" no final do ano! Eu assisti à sua decepção ao constatar que as oficinas terminaram e muitos deles pediram ao Frédéric Lenoir para voltar no 5º ano e prosseguir esse trabalho com eles.

Eu só posso me juntar a esse pedido e esperar que nós possamos prosseguir, com eles e com outros, essa experiência no futuro.

Alguns testemunhos foram recolhidos ao final da última oficina do ano com essa mesma turma do 4º ano em Paris. As crianças respondiam à pergunta: "O que é que as oficinas de filosofia trouxeram de bom para vocês?"

> **Lancelot (10 anos):** Escutar os outros pode nos fazer começar a pensar de outra maneira.
> **Arthur (10 anos):** Serve para compreendermos um pouco melhor as nossas reações e as nossas emoções, e como lidar com elas.
> **Gaspard (9 anos):** Nos traz cultura, conhecimento.
> **Violette (9 anos):** Nunca tinha me perguntado todas as coisas que estudamos e estou contente de ter refletido sobre isso tudo.

Por fim, o testemunho de um agente público, Alain Vogel-Singer, prefeito da cidadezinha de Pézenas (Hérault). Interessado em desenvolver atividades pedagógicas que favoreçam o autoconhecimento e a vida conjunta, ele me propôs fazer oficinas-piloto na escola pública Jacques-Prévert. Ele assistiu à maioria das oficinas praticadas em duas classes dessa escola.

Os caminhos da vida levaram Frédéric Lenoir, nos passos de Molière e de Boby Lapointe, à escola primária Jacques-Prévert. Felicidade pura para as crianças de Pézenas, para os seus professores e para os políticos eleitos da cidade. Ensinar as crianças a respirar, a restabelecer seu foco, a usar o discernimento!

"Ensiná-las", ou melhor, fazê-las sentir, tocar... Liberar a sua palavra e lhes dar algumas ferramentas simples. Sair da injunção do: "é preciso", "você deve"... Abrir as suas mentes e os seus corações... Um desafio essencial! Implementar esse projeto é uma prova de coragem dos professores. Eles saem do terreno familiar, se expõem fora do contexto habitual e seguro da clássica relação "professor/aluno".

Mas que lufada de ar fresco! As crianças se exprimem espontaneamente e, por vezes, nos presenteiam com algumas pérolas de sabedoria. Interagem, comentando e completando o que dizem os colegas. A sua espontaneidade, a sua sinceridade, o seu respeito mútuo são revigorantes.

Uma menina de 6 anos me impressiona logo no primeiro contato pela sua participação ativa. À pergunta: "Podemos conhecer a felicidade nos momentos difíceis?", ela responde: "Sim", sem rodeios. Na saída, falo com a professora. "Ela tem crises agudas de asma durante as quais ela sorri", me responde a professora. Sorriso de Epicuro...

Com os mais crescidos, no início da segunda sessão, a única mãe de aluno presente lamenta o mutismo da sua filha... A mãe se ausenta, a menina se revela eloquente e dinâmica! Libertar...

Frédéric, catalisador das expressões e dos diálogos, surfa entre as mãos levantadas e as intervenções dos jovens alunos. Muito rapidamente, o filósofo é aguardado pelas crianças, que integraram a meditação. Em Pézenas, iremos mais longe juntos. A próxima volta às aulas será muito inspiradora!

AS OFICINAS DE FILOSOFIA

As dez recomendações anteriormente enunciadas podem parecer abstratas; assim, torna-se necessário apresentar longos trechos extraídos das oficinas que apliquei, para mostrar a evolução de um debate, dos seus momentos-chave, dos impasses nos quais, por vezes, nos encontramos. Optei por classificar esses extratos por temas, cada tema remetendo a uma ou mais oficinas. Dessa forma, os educadores poderão se inspirar na linha de pensamento, nas questões ou nas ideias expressas durante a discussão, para conduzirem uma oficina sobre o mesmo tema.

Não se trata de receitas ou de modelos, mas de testemunhos de uma prática, que só ganha verdadeiramente sentido se for repetida e a longo prazo; um método de circulação da palavra, que cada um pode se apropriar e adaptar segundo as circunstâncias. Cortei as passagens longas demais, nas quais as crianças multiplicam exemplos concretos, para conservar o fio condutor e o ritmo do debate. Verificamos que ele progride sobretudo graças às intervenções de duas ou três crianças em cada turma que trazem respostas e levantam questões pertinentes. Cabe ao animador se apoiar nelas, perguntando regularmente aos outros o que pensam, de modo a implicar o maior número de crianças possível na reflexão comum.

Todas as oficinas foram gravadas e algumas foram filmadas. Parti de uma transcrição palavra a palavra, por vezes retrabalhadas, a fim de obter um francês correto, tentando conservar as expressões precisas e a linguagem infantil. Peço sempre às crianças que digam o seu nome antes de responderem, mas acontece, às vezes, de elas não o fazerem ou que alguns nomes pronunciados fiquem inaudíveis. Nesse caso eu indico: "uma voz".

Na sequência das transcrições das oficinas apresento vinte fichas práticas destinadas aos educadores que desejem animar oficinas de filosofia. Essas fichas sintéticas propõem citações, questionamentos, definições, referências de livros ou de filmes, em torno de vinte grandes conceitos que podem ser tratados com as crianças ou os adolescentes.

O que é a felicidade?

Em cada uma das 18 turmas nas quais desenvolvi esse projeto – do último ano do pré-escolar ao 5º ano, ou com crianças dos 4 aos 11 anos –, comecei as oficinas de filosofia pela questão da felicidade. É um tema universal e acessível, sobre o qual as crianças têm muito a dizer. Tentar definir a felicidade estimula o trabalho sobre as representações. Espantou-me a semelhança de respostas que encontrei de um país a outro, das grandes às pequenas cidades. Mesmo se, por vezes, a ênfase não é colocada nos mesmos elementos, as crianças concordam nas ideias essenciais – o necessário e o supérfluo; o ser e o ter; a distinção entre a felicidade e o prazer –, como o veremos por meio dessas duas oficinas realizadas na capital da Costa do Marfim e numa pequena cidade do sul da França.

Eis, a seguir, um longo trecho de uma oficina ocorrida em Abidjan, no Colégio Les Sept Nains, numa turma de 3º e 4º anos (crianças dos 8 aos 11 anos).

> **Frédéric:** O que é a felicidade para vocês?
> **Uma voz:** A felicidade quer dizer estar alegre. Nunca nos zangarmos com os outros. Amar sempre o próximo. Compartilhar muitas coisas.
> **Marie:** A felicidade é uma alegria que você compartilha com alguém.
> **Alyssa:** É não nos desencorajarmos. Ficamos felizes quando obtemos alguma coisa que sempre quisemos ter.
> **Donatella:** Para mim, a felicidade é ter sempre um sorriso no rosto. Nunca nos zangarmos com aqueles que amamos.

Saphira: Para mim, a felicidade é compartilhar sempre com os outros.

Uma voz: É realizar todos os seus desejos.

🅕: E você acha que é possível realizarmos todos os nossos desejos?

Yenni: Não, é impossível realizarmos todos os nossos desejos! Na vida, não temos tudo o que queremos. E além disso, quando temos uma coisa queremos outra coisa, por isso nunca vamos ficar felizes.

🅕: Você disse algo importante que os pensadores da Antiguidade sublinharam: é que estamos sempre insatisfeitos e que para sermos felizes temos que aprender a nos satisfazermos com o que temos. Um deles dizia: "A felicidade é continuar a desejar aquilo que já possuímos". Vocês concordam?

Todos: Sim.

Yenni: Para mim, a felicidade é ter sucesso na vida.

🅕: O que quer isso dizer, ter sucesso na vida?

Yenni: Ter o seu diploma e uma profissão que se ame.

🅕: Estão de acordo?

Todos: Sim.

🅕: O que você quer acrescentar?

Yenni: Para ser feliz, é preciso ter uma vida simples.

Kera: Eu concordo com o Yenni. A felicidade, para mim, é viver numa casa simples com os pais sempre felizes.

🅕: E o dinheiro não é importante?

Uma voz: Sim, o dinheiro é importante. Sem dinheiro, ninguém teria casa, ninguém teria comida, ninguém poderia ir à escola.

Uma voz: Sem dinheiro, não se pode pagar o aluguel da casa.

Uma voz: Não podemos pagar a escola dos nossos filhos.

Marie: Eu acho que o dinheiro não é assim tão importante, o amor é o que realmente importa na vida.

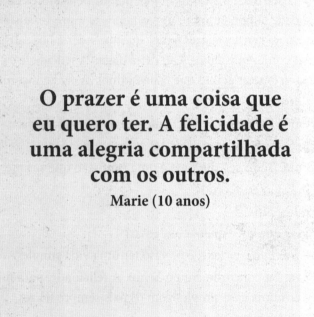

O prazer é uma coisa que eu quero ter. A felicidade é uma alegria compartilhada com os outros.

Marie (10 anos)

Péniel: O dinheiro não é o mais importante, mas sem dinheiro ninguém pode ser bem-sucedido na vida.

Orianne: Sim, mas, se você tiver muito dinheiro, você pode comprar coisas que nem sequer são necessárias e não é por isso que você vai ser mais feliz.

🅕: A Orianne acaba de fazer uma distinção entre o necessário e o supérfluo. O necessário, como vocês disseram, é ter uma casa, comer, é poder pagar as contas de luz, é poder ir à escola. E o supérfluo, o que é? O que há de supérfluo na sua vida?

Péniel: O supérfluo são os jogos de computador.

Keram: Os *smartphones*.

Yoann: Um computador.

Rim: Um tablet.

Sean: Um iphone.

Caddie: DVDs.

Amanda: Um Nintendo.

Joël Junior: Um PlayStation.

Marie: Um quadro.

Uma voz: Patins.

Péniel: Um Xbox.

Uma voz: São os consoles de jogos.

Sean: Um *skate*.

Donatella: *Laptop*.

Péniel: Um carro controle remoto.

Marie: A televisão.

🅕: Vocês encontraram muitas coisas supérfluas. E será que vocês concordam se dissermos que todas essas coisas podem ser úteis, agradáveis, mas que não são necessárias para sermos felizes, como dizia a Orianne?

Uma voz: Não é obrigatoriamente necessário, mas é melhor tê-las para sermos felizes.

[Risos]

Péniel: Nos permitem nos divertirmos.

Marie: Sim, mas tudo isso nos traz somente prazer. O prazer é uma coisa que eu quero ter. A felicidade é uma alegria compartilhada com os outros.

❻: O que disse é muito bonito, Marie. Concordam?

Todos: Sim!

A oficina transcrita a seguir foi realizada na escola pública Jacques-Prévert, em outra classe de 3º e 4º anos, na cidadezinha de Pézenas (Hérault).

Frédéric: O que vocês pensam ao ouvir essa frase de Jacques-Prévert: "Reconheci a felicidade pelo ruído que ela fez ao partir?"

Yanis: A mim, me faz pensar na cigarra, porque ela canta, nós gostamos, e depois ela vai embora.

Texane: Isso quer dizer que a sensação de felicidade, quando ela foi embora, ela fez um ruído...

❻: O que é esse ruído do qual ele fala?

Uma voz: O silêncio.

Héloïse: O ruído dos seus passos?

❻: O ruído, para o poeta, é uma metáfora para outra coisa. O que é que faz a felicidade partir?

Yanis: A infelicidade?

❻: Isso mesmo! Foi quando a infelicidade chegou que eu reconheci a felicidade. O que isso quer dizer?

Robin: Quando a infelicidade chegou, ele repensou na felicidade, e antes ele não sabia que estava tudo tão bem.

Yanis: É uma pessoa que fica infeliz e depois pensa no seu passado.

Blaise: É como se ele dissesse que havia alguma coisa boa acontecendo na sua vida, e agora ele pensa: "Ai que pena, não me dei conta mais cedo!"

F: Exatamente. O que Prévert quer dizer é que, muitas vezes na vida, não nos damos conta de que somos felizes ou de que temos tudo para o ser, e é só quando a infelicidade chega que nos damos conta. No fim das contas, é por estarmos infelizes que sabemos o que é ser feliz. Vocês estão de acordo com isso?
Todos: Sim!
F: Você não concorda?
Uma voz: Não compreendi.
F: Alguém pode explicar para ele?
Robin: Por exemplo, quando você sai de férias e não se dá conta de que tem sorte de estar de férias, mas, depois que você volta para casa, diz: "Era bem melhor estar de férias!"
[Risos]
Blaise: É como se você tivesse um monte de amigos, você acha isso normal, e de repente deixa de ter amigos.
F: E então?
Blaise: Depois, quando os perde, você se dá conta de que era bom ter amigos.
Robin: Às vezes, quero uma coisa e, quando a minha mamãe compra, me digo: "Quero mais uma coisa". Aí eu penso que há pessoas que não têm dinheiro para comprar presentes e isso me ajuda a ficar satisfeito com o que já tenho.
F: Essa é outra ideia que é interessante, e podemos partir dela. Será que podemos ser felizes se desejarmos sempre alguma coisa?
Vozes: Não!
F: Por quê?
Yanis: Às vezes, temos tantas coisas que, no final, ficamos entediados. Então, finalmente nunca estamos felizes.
Chloé: Às vezes, quando vemos algumas coisas, a gente acha que são interessantes, mas, se raciocinarmos bem, nós

dizemos que já temos outras coisas em casa e que já somos felizes com isso.

Uma voz: Uma mãe, por exemplo, nunca trocaria o seu filho por nada.

F: O que quer isso dizer?

A mesma voz: Que ninguém poderá comprar aquilo que eu amo.

Enzo: Sim, é verdade. A felicidade é como o Natal. No Natal, a coisa mais importante não são os presentes, mas estarmos em família e felizes.

F: Acham que o amor passa na frente do dinheiro e das coisas materiais?

Todos: Sim.

F: Tem alguém aqui que pense o contrário?

Todos: Não!

F: Bem, temos aqui uma unanimidade. Então, efetivamente o que vocês estão dizendo é: as coisas materiais são importantes, mas isso não basta. A pergunta que eu havia feito foi: Será que podemos satisfazer todos os nossos desejos? Ou será que vamos estar sempre insatisfeitos?

Mehdi: Quando queremos alguma coisa, os nossos pais dizem muitas vezes "não" e isso nos faz felizes, porque é para o nosso bem que eles dizem isso.

Robin: Eu gosto, por exemplo, quando vamos a um supermercado para ver o que eu quero, mas não gosto quando digo "Quero isso" e a minha mãe compra. Prefiro esperar um pouco para ter o que pedi. Porque, se ganhamos aquilo que queremos na mesma hora, nunca estamos contentes.

**A felicidade se vive e
o prazer se sente.**

Marius (9 anos)

F: Outra pergunta: Vocês veem alguma diferença, e se sim qual, entre a felicidade e o prazer?

Texane: Para mim, a felicidade é a solidariedade, são os amigos, é a família... E o prazer é, por exemplo, quando alguém te oferece alguma coisa.

Esteban: A felicidade é quando a minha mamãe compra alguma coisa para mim e o prazer é quando eu brinco com isso.

Héloïse: A felicidade dura muito tempo, enquanto o prazer é no momento.

F: Você está dizendo uma coisa importante: o prazer é um momento curto, enquanto a felicidade dura mais tempo. Vocês concordam com isso?

Todos: Sim!

F: Aliás, os filósofos da Antiguidade, como Epicuro ou Aristóteles, inventaram o conceito de felicidade a partir da experiência do prazer e fizeram essa mesma distinção: o prazer é uma emoção imediata, enquanto a felicidade é um estado de espírito que dura. Não há felicidade sem prazer, eles nos dizem, mas, para alcançar a felicidade, o prazer não basta. Por que, na opinião de vocês?

Esteban: Porque o prazer também ele precisa de se renovar. E está sempre ligado a alguma coisa externa.

Yanis: Eu, eu digo que a felicidade é um sentimento e que o prazer é uma sensação.

Blaise: Eu concordo. Eu diria que o prazer se concentra sobretudo numa coisa. Enquanto a felicidade está ligada a um conjunto de coisas que amamos.

F: Interessante o que vocês estão falando! O prazer está ligado a uma sensação, ele está concentrado numa única coisa, enquanto a felicidade é um sentimento ligado a um conjunto de coisas: a nossa família, a atividade à qual nós nos dedicamos etc. Vocês estão de acordo?

Todos: Sim!

Texane: O que eu queria dizer também é que a felicidade é diferente do prazer, porque não podemos tirar a felicidade, enquanto o prazer pode acabar facilmente.

F: Você acha que a felicidade pode nunca partir?

Texane: Não, porque a felicidade é estarmos com as pessoas que amamos...

F: Então, enquanto elas estiverem por perto, você estará feliz?

Texane: Sim.

O que é uma emoção?

A temática dessa oficina é muito importante para as crianças: as emoções. Estudos sobre o cérebro mostram que a inteligência emocional, isto é, a capacidade de compreender as emoções e de aprendermos a dominá-las adquire-se progressivamente. É uma verdadeira arte utilizar as suas emoções. É, portanto, fundamental que as crianças aprendam desde cedo a identificá-las, a nomeá-las e a saber como controlá-las, como geri-las. Evoquei esse tema em quase todas as escolas em que realizei oficinas de filosofia, e a cada vez me impressionou o profundo interesse que alunos, de todas as idades, têm em falar sobre as suas emoções, em procurar distinguir os sentimentos das emoções.

Desenvolvi essa oficina com crianças de 7-8 anos numa escola primária de Bruxelas, no bairro de Molenbeek, onde estive por várias vezes, menos de três semanas após os atentados terroristas de Bruxelas (22 de março de 2016), que deixaram 32 mortos e 340 feridos. Como os de Paris, esses atentados orquestrados por pessoas que moravam a poucos passos daquela escola estavam bem presentes na memória de todos, mas eu não quis começar a oficina falando diretamente do assunto. Eu o fiz, no decorrer da discussão, por meio das emoções que as crianças viveram com aqueles dramáticos acontecimentos.

Frédéric: Quem sabe o que é uma emoção?

Soumaya: A gente chora, fica alegre, fica triste, fica zangado, fica alegre...

F: Exatamente. Essas são as sensações. Você disse: a tristeza, a alegria, a raiva. E o que mais temos como sensação?

Soumaya: O medo.

F: Isso mesmo. Essas são as emoções fundamentais. Vamos começar pelo medo. Será que o medo é uma emoção agradável?

Vozes em coro: Não!

F: Então, o medo não é uma emoção agradável. Mas será que podemos dizer que é sempre uma emoção negativa?

Uma voz: Não.

F: Por que é que não é sempre uma emoção negativa, se ela é desagradável?

Soumaya: Porque às vezes dá medo, mas depois é divertido.

F: É verdade, mas deixando de lado as vezes nas quais brincamos de nos assustar de propósito, para que serve o medo?

Reda: Por exemplo, se o seu irmão está em perigo, mas você nunca tem medo, aí você não o salva?

F: Exato. Não pode ser útil sentir medo quando há um perigo?

Vozes em coro: Sim!

F: O medo não é necessariamente negativo. Vocês concordam?

Várias vozes: Sim!

F: Então, mesmo sendo desagradável, o medo não é uma emoção negativa ou positiva. Ele pode ser negativo quando nos paralisa, quando não conseguimos mais fazer as coisas que queríamos por causa do medo. Mas ele pode ser uma emoção positiva se ele nos alerta para um perigo.

Vozes: Sim.

F: Agora, vamos falar de outra emoção, que é a raiva. A raiva é uma emoção negativa ou positiva?

Lina: É negativa.

F: Por quê?

Lina: Porque, quando nos irritamos, não paramos de pensar nisso.

Mohamed Amine: Sim, é negativa.

🅕: Por quê?

Mohamed Amine: Porque não é útil.

🅕: Estão todos de acordo com o Mohamed Amine que nunca é útil estarmos furiosos?

Vozes: Não.

Eva: Porque às vezes brigamos uns com os outros, ficamos enraivecidos, depois fazemos as pazes e o problema fica resolvido.

Kevin: Se há alguém que é mau e que bate em outra pessoa, isso nos deixa revoltados e podemos ajudar.

🅕: A raiva pode nos levar a reagir contra a injustiça. Vocês concordam com isso?

Vozes: Sim.

🅕: Estão vendo que a raiva pode ter um aspecto negativo e um positivo. Assim como o medo. E a tristeza? Será uma emoção negativa ou positiva?

Soumaya: A tristeza é negativa, porque, quando a minha avó morreu, eu estava triste e não parava de chorar...

Lina: Eu acho que também pode vir a ser uma emoção positiva, porque, às vezes, quando eu choro, me faz bem.

🅕: As duas afirmações podem ser verdadeiras, efetivamente. Agora, queria que falássemos da quarta emoção, que citaram há pouco, que é a alegria. A alegria é sempre positiva?

Vozes numerosas: Sim!

🅕: Eu diria que é sempre agradável. Mas já aconteceu com vocês de terem falsas alegrias?

Vozes: Sim!

🅕: Então, me contem, alguém que já tenha tido falsa alegria.

Nassim: Quando fomos ao parque, havia uma bola lá e, quando eu estava para retornar, vi gotas de chuva. Então, eu estava feliz e depois eu fiquei triste.

Andrei: O meu primo, ele tinha dito que deveria ir à minha casa, e eu estava contente. Ele veio na minha casa, mas ele pensou que nós não estávamos em casa, aí ele foi embora. Então, eu fiquei triste.

Lina: Um dia, estava com a minha mãe, ela me disse para ir comprar um sorvete e eu estava toda contente. E depois a minha bola de sorvete caiu. Então, eu fiquei triste.

🅕: Como veem, a alegria é uma emoção muito agradável e geralmente positiva, mas por vezes há falsas alegrias: a alegria pode ser negativa à medida que podemos nos enganar, se ela estiver baseada numa ideia errada. Assim, todas as emoções, sejam agradáveis ou desagradáveis, podem ser positivas ou negativas. Vocês concordam com isso?

Todos: Sim!

🅕: Eu gostaria de que falássemos sobre um momento que foi muito marcante, quando houve os atentados terroristas, aqui em Bruxelas, e que muitas pessoas morreram. Quais emoções vocês sentiram?

Uma voz: Tristeza.

🅕: E por que você sentiu tristeza?

A mesma voz: Porque não é gentil matar pessoas que não fizeram nada.

Valjeta: Eu fiquei triste. Eu chorei pela mesma coisa...

Mohamed Amine: Eu senti medo. Porque isso dá medo de morrer.

Soumaya: Eu senti tristeza e medo.

🅕: Por quais razões?

Soumaya: Eu tive medo de morrer e fiquei triste por todas aquelas pessoas que não fizeram nada estarem mortas.

Aymane: Eu também senti tristeza, mas também alegria.

🅕: Alegria?! Por quê?

Aymane: Porque pegamos os terroristas e depois eles morreram.

Manal: Eu também, triste e contente.

Nós podemos dominar uma grande emoção, por exemplo a raiva, se analisarmos a razão de estarmos furiosos. É a reflexão que nos ajuda a dominar as nossas emoções.

Léa (9 anos)

❻: Por quê?

Manal: Eu fiquei triste porque vi na televisão que teve uma explosão e que tinha muitas pessoas feridas. Mas eu fiquei contente pelos terroristas terem morrido, ou porque os apanhamos depois.

Nassim: Eu estou triste porque tem crianças que morreram.

Andrei: Triste e com raiva.

❻: Por quê?

Andrei: Estou triste, porque tem pessoas que morreram e com raiva, porque me irrita que matem pessoas que não fizeram nada.

Eva: Eu também, estou triste e com raiva, porque eles matam pessoas que não fizeram nada.

Mohamed Amine: Eu fico com raiva por matarem pessoas que não fizeram nada, e pessoas que fizeram coisas boas na vida.

Édouard: Eu tive medo, sobretudo pela minha mãe, porque ela estava no metrô e que explodiu bem na frente da estação onde ela estava.

Manal: Eu fiquei triste, mas tive muito medo, porque a minha mãe também estava no metrô e eu tive medo que ela ainda estivesse lá quando teve a explosão.

Soumaya: Eu tive medo pelo meu irmão, porque ele ia pegar o metrô e alguns amigos dele morreram.

❻: E o que vocês pensam dos terroristas que decidiram botar as bombas e matar pessoas? Por que eles fizeram isto?

Nassim: Os terroristas são doidos.

Soumaya: Para mim, eles são doidos.

Mohamed Amine: Para mim, também. Eles são doidos.

Kevin: Eles são idiotas.

Édouard: Eles são estúpidos e doidos.

Salwa: Eles são doidos.

Candy: Eu acho que eles são doentes.
Kevin: Eles são malucos.
Youssef: São cretinos.
Mohamed Amine: São completamente loucos.
Manal: Eu acho que são completamente loucos, porque matam pessoas que não fizeram nada.
Aymane: São completamente loucos, porque matam pessoas e depois matam a si mesmos.
F: Sim, e por que é que eles se matam?
Aymane: Porque eles acham que vão para o paraíso.
F: E vocês acreditam que eles vão para o paraíso?
Grito geral: NÃO!

Gostaria de completar essa oficina sobre as emoções com um trecho de outra oficina realizada sobre o mesmo tema, com alunos um pouco mais velhos, da turma do 4º ano da Escola Fénelon em Paris. Várias outras questões são abordadas aqui: Como gerenciar as suas emoções? A diferença entre emoção e sentimento. A ligação entre emoção e felicidade.

Frédéric: Da última vez, nós falamos sobre felicidade, e hoje vamos falar sobre as emoções. O que é uma emoção?
Jeanne: É a alegria, a tristeza, o medo e a raiva...
Léa: É como um humor, de pequena duração.
F: Sim, é um humor que sentimos por um tempo limitado. E será que podemos decidir ter ou não ter emoções?
Prisca: Não, não temos escolha, mas depois conseguimos nos controlar.
Jeanne: Por exemplo, ficamos furiosos, mas depois não vai durar.
Lucille: Sim, às vezes, estamos furiosos com alguém, mas, cinco minutos depois, por exemplo, nos damos conta de que nos enfurecemos por nada, e aí podemos pedir desculpas.

F: O que é que nos permite dominar uma emoção, como essa raiva que você está falando?

Lucille: Bom, refletir, justamente.

Uma voz: Sim, refletimos e depois nos acalmamos.

F: Então, é a razão, o pensamento, que nos permite dominar as nossas emoções.

Todos: Sim!

Hector: Se estamos com medo, também podemos pedir a um adulto que nos tranquilize.

F: Claro, ele vai lhe dar razões para não ter medo. Dissemos que as emoções eram passageiras. Será que às vezes as emoções podem durar?

Uma voz: Sim.

F: E como se chama isso, uma emoção que dura, como o amor, por exemplo?

Uma voz: Um sentimento.

F: Bravo! Quando vocês estão numa tristeza que dura, vocês dizem: "Tenho um sentimento de tristeza". Quando vocês estão numa alegria que dura, vocês estão num sentimento de alegria. Quando estão num amor que dura, vocês têm um sentimento de amor. E não simplesmente numa emoção passageira. Vocês concordam com isso?

Todos: Sim!

> Acontece mais vezes de as emoções nos controlarem do que nós controlarmos as emoções.
>
> Christophe (10 anos)

Léa: Mas a alegria, quando dura, é a felicidade, então?

F: Sim, você tem razão, e teve um filósofo chamado Espinosa que disse que, quando estamos o tempo todo habitados por um sentimento de alegria, é porque atingimos a felicidade, a felicidade perfeita e duradoura. Mas podemos também ser felizes sem sentir permanentemente a alegria.

Arthur: Sim, porque a alegria é uma coisa que sentimos e que temos no fundo de nós, enquanto a felicidade é uma coisa global, que vem das coisas boas que nos acontecem.

F: O Arthur está dizendo algo essencial, que a felicidade é um estado global de harmonia, de serenidade, porque gostamos da vida que levamos. Enquanto a alegria é algo mais concreto, porque é uma emoção. Mas, claro, pode haver um sentimento de alegria que, se ele for quase permanente, se torna uma forma intensa de felicidade. Uma felicidade muito forte, porque encarnada na alegria.

Violette: Um sentimento pode durar vários dias?

F: Pode durar até uma vida inteira: você pode amar os seus pais por toda a sua vida, por exemplo.

Violette: Sim, mas imaginemos a raiva: ela pode durar a vida toda?

F: Sim, há pessoas que ficam raivosas, ou tristes, ou com medo a vida inteira.

Uma voz: Por quê?

F: É algo que vem da sua infância: elas tiveram relações difíceis e dolorosas com os seus pais e, se não fizerem um trabalho em si mesmas, uma psicoterapia, por exemplo, elas podem continuar habitadas por um sentimento de raiva, de medo ou de tristeza durante muito tempo.

Violette: Será que é possível que uma pessoa, desde o seu nascimento, nunca tenha sido feliz?

F: O que é que vocês acham? A gente pode nunca ter sido feliz na nossa vida, ou não?
Uma voz: Sim.
Outra voz: Não.
Jeanne: Uma mulher, quando ela tem um bebê, ela é feliz ao menos uma vez na sua vida.
Lancelot: Uma pessoa que vai viver muito tempo, 80 anos, por exemplo, é muito improvável que não tenha tido um único momento que ela fosse feliz.
F: Sim, há sempre momentos de infelicidade e momentos de felicidade na vida. Porém, esses momentos são mais ou menos longos segundo as pessoas, e tem gente que vai viver muito mais num estado de felicidade e outras que vão viver muito mais num estado de infelicidade.

O que é o amor?

O amor é, do jardim de infância até 5º ano, um tema que sempre apaixona as crianças e sobre o qual elas dão prova de uma maturidade impressionante. Embora ainda não tenham a experiência das relações sexuais, falam muito bem da paixão amorosa, da sua força e de todas as suas complicações, mas também da família, da amizade, da compaixão, ou até do amor pela natureza. A reflexão filosófica permite que as crianças nomeiem com mais facilidade a diversidade das suas experiências afetivas, como também as permite discernir melhor a complexidade dessas experiências, ajudando-as assim a serem mais lúcidas a respeito de si mesmas e dos outros. Tive muita dificuldade em escolher uma oficina, sendo todas elas tão interessantes.

Transcrevi quase na íntegra a oficina de uma turma de 3º e 4º anos (crianças entre os 8 e os 11 anos) realizada na aldeia de Brando, na Alta Córsega.

Frédéric: O que é o amor?
Genna: É um sentimento.
F: Por quê?
Genna: É um sentimento, porque é uma coisa que sentimos.
Anaïs: O amor é quando amamos alguém. Começamos a gostar muito de uma pessoa, estamos muitas vezes juntos e, ao fim de algum tempo, casamos, e depois estamos sempre juntos.
Christophe: É o que podemos sentir pela nossa mãe e pelo nosso pai.
Genna: Também há a amizade!
F: O que é a amizade?
Genna: É o amor, mas não o amor apaixonado.
Sarah: É quando a gente se entende bem.
Elia: O amor e a amizade é quando nós temos vontade de ficar juntos a vida toda.
Ruben: Sim, mas, às vezes, os adultos se agridem, não com luta, mas com palavras.
F: E por que é que se agridem?
Ruben: Porque estão nervosos.
F: E isso quer dizer que não se amam mais, quando eles brigam?
Ruben: Não, eles continuam a se amar.
Antoine: Sim, mas, às vezes, o amor pode se quebrar e depois eles se separam...
Uma voz: A gente pode se divorciar, se formos casados um com o outro.
Genna: Mas, às vezes, quanto mais a gente se conhece, mais a gente se ama, porque a gente ultrapassa as coisas exteriores que não são importantes, como o físico e essas coisas.

F: Há um grande artista, que se chama Leonardo da Vinci, que dizia a mesma coisa que você: "Quanto mais conhecemos, mais amamos". Quer dizer que ultrapassamos as aparências e quanto mais conhecemos a pessoa, mais podemos amá-la por aquilo que ela é realmente. É o que você pensa?
Genna: Sim.
Julie: É verdade, quando amamos alguém, no começo podemos não o amar porque ele não é muito bonito, ou ela não é muito bonita, e na verdade não é o físico que conta, é como a gente é interiormente. Se a pessoa é gentil, má, sincera ou não. Por exemplo, tem uma pessoa que não é muito bonita, mas ela é bondosa, e outra pessoa que pode ser muito bonita, mas que é muito má…
Elia: Às vezes, tem gente que finge estar apaixonada por uma pessoa. E se a pessoa estiver muito apaixonada por alguém que finge estar apaixonado, depois vai sofrer por causa disso.
Julie: Eu concordo com o Elia, não temos o direito de brincar com os sentimentos de alguém. Não está certo, e causará sofrimento a outra pessoa quando ela souber que não era verdade.
F: Há pessoas que fazem isso?
Julie: Às vezes, há uma menina que é bonita, e o menino vai brincar com os sentimentos dela, porque no fundo ele não a ama, ele fica com ela só porque ela é bonita.
Matthias: Mas não é somente o amor romântico. Tem o amor da nossa mãe, por exemplo.
F: Foi o que disse o Christophe há pouco. Então, como veem, vocês já disseram que existe o amor dos pais pelos filhos e dos filhos pelos pais, isso é amor. Tem a amizade, que é amor. E tem o amor apaixonado. Vocês definiram esses três tipos de amor.

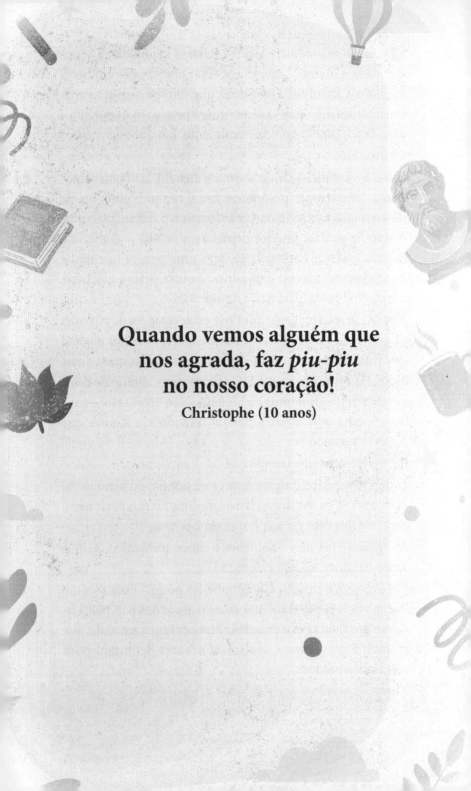

> **Quando vemos alguém que nos agrada, faz *piu-piu* no nosso coração!**
> Christophe (10 anos)

Elia: Não existe só o amor pelos pais, tem também o amor por toda a família, pelos irmãos e irmãs também, pelos tios e tias, os avós.

❻: Exatamente.

Julie: Às vezes, sentimos afeto pelos animais.

Genna: O amor pela natureza também?

❻: O que é que você sente quando está no meio da natureza?

Genna: Fico emocionada, porque acho bonito. Mas, se uma árvore estiver cortada, ou quando vejo lixo na natureza, fico um pouco triste.

Marina: Quando estamos na natureza, nos sentimos livres, nos sentimos ajudados. Porque estamos num lugar que amamos e, se tivermos um problema, isso nos ajuda a resolver o problema.

Elia: Eu penso o mesmo que a Genna, quando saímos para cortar as árvores, eu não queria ir, porque me dava pena cortar árvores, porque a árvore é uma coisa viva. É como se a gente estivesse cortando uma vida.

Antoine: Eu acho o mesmo que o Elia, não se deve cortar árvores, porque as árvores nos ajudam a respirar e a viver. É como se fosse uma troca entre nós e a natureza.

Sarah: Eu penso um pouco parecido com o Elia, só que é em relação aos animais. Os meus pais gostam de ir pescar e eu não quero ir, porque não gosto de ver os peixes morrerem nas sacolas, me dá pena.

Anaïs: Eu, quando vejo um animal no meu prato, digo "não, obrigada", não tenho vontade de comê-lo, porque me dá pena comer animais.

❻: Você é vegetariana? Você nunca come animais?

Anaïs: Sim, às vezes eu como, mas não sempre, e sinto pena quando como.

Matthias: Podemos amar objetos também?

F: Me dê um exemplo.
Matthias: Eu gosto muito de carros.
F: Isso é um sentimento?
Matthias: Não sei.
Antoine: Sim, por exemplo, se fazemos uma construção com lego e se alguém vem pisar em cima e quebrar; bem, como gostamos disso, isso dói um pouco.
F: Você quer dizer que sentimos um apego pelos nossos brinquedos, por exemplo?
Antoine: Sim.
Christophe: Eu tinha um ursinho quando era pequenininho, que eu guardei. E um dia irritei a minha mãe e ela jogou o ursinho no lixo. E depois eu fiquei triste.
Julie: Podemos também amar os livros. Quanto aos meninos, amam o futebol; as meninas amam a dança.
F: Vocês já especificaram numerosas formas de amor: o amor apaixonado, o amor de amizade, o amor pela família, o amor à natureza e aos animais, o amor pelos objetos, o amor pela leitura ou pelas atividades esportivas ou culturais...
Genna: Às vezes, tem gente de quem nós não gostamos, ou que nós não conhecemos, mas, se acontecer alguma coisa grave com eles, como uma doença ou um atentado terrorista, ficamos tristes mesmo assim. Será que também é outra forma de amor?
F: Sim, e como você chamaria esse amor?
Genna: Não sei.
Lilia: Apego.
F: O apego existe mais quando temos uma ligação pessoal. Nesse caso, é alguém que não conhecemos, mas lhe acontece algo de mal e sentimos alguma coisa.
Elia: É afeto.

F: O afeto também é sobretudo nas relações pessoais. O que a Genna está citando chama-se compaixão. Vocês conhecem essa palavra?

Voz: Não.

F: A compaixão quer dizer que ficamos tristes porque aconteceu algo de muito doloroso a seres vivos que não conhecemos necessariamente. Podemos sentir compaixão por pessoas que morrem de fome na África, podemos sentir compaixão por mendigos que estão na rua. Podemos sentir compaixão também por animais que sofrem nos matadouros. Nós não os conhecemos, não são nossos amigos, mas sentimos uma forma de amor por eles, o seu sofrimento nos toca.

Julie: No início do ano, quando o Matthias chegou, ninguém brincava com ele. E às vezes eu implicava com ele, como no Carnaval: eu queria botar medo nele, mas depois ele se machucou e eu senti compaixão, então dei a ele um pouco de água e sorri.

Christophe: Eu já senti compaixão por uma pessoa: um monitor que não conhecemos bem. Um dia, a mãe dele ficou gravemente doente e eu senti compaixão por ele. É amor, mas não é a mesma coisa do que o amor de quando estamos apaixonados.

O amor é ao mesmo tempo um sentimento e uma emoção. É um sentimento, porque pode durar toda a vida, como pelos pais. Mas também é uma emoção, porque quando somos adolescentes, às vezes, estamos apaixonados e não dura.

Camille (8 anos)

F: Qual é a diferença?

Christophe: Quando vemos alguém que nos agrada, faz *piu-piu* no nosso coração!

[Risos]

Jordan: Como na primeira vez que eu vi a Sarah, o meu coração a olhava e batia, batia, e depois eu disse uma frase charmosa para as meninas.

[Risos]

Uma voz: É verdade, quando sentimos o amor, o nosso coraçao bate forte.

F: O nosso coração só bate com força quando nos apaixonamos?

Francesca: As pessoas da nossa família, já as vimos muitas vezes, por isso já as conhecemos e o nosso coração não bate forte a cada vez que as revemos.

Genna: Mas, às vezes, o nosso coração bate pela família, por exemplo, quando a gente é mãe, e que a nossa filha ou o nosso filho sai e não volta para casa, o nosso coração bate forte porque a gente ama e fica com medo por ela ou por ele.

Blandine: No nascimento de uma criança, ficamos comovidos e o nosso coração bate com força.

Jordan: Às vezes, eu vou no fim de semana à casa da minha mãe. Quando ela chega eu dou beijinhos de bom dia nela e digo para ela que eu a amo, e se ela não me dissesse que também me ama, é como se ela me jogasse numa lata de lixo.

F: Isso já aconteceu?

Jordan: Não, mas eu ficaria muito triste se acontecesse um dia.

Matthias: Eu, com a minha mãe, recebo muitos muitos muitos muitos carinhos... Tenho carinhos e beijinhos o dia inteiro, todos os minutos, por isso eu nunca me sinto rejeitado.

F: Voltemos à relação amorosa: O que é estar apaixonado?

Genna: Estar apaixonado é como o Christophe disse, quando vemos uma pessoa já sabemos que estamos apaixonados por ela...

🅕: Desde o início?

Genna: Não necessariamente. Às vezes, é quando a gente brinca junto, depois a gente vê que tem um sentimento apaixonado. Às vezes, estamos apaixonados por alguém, mas a outra pessoa não está apaixonada, e isso nos deixa triste... Podemos chorar muitas vezes por causa disso...

Francesca: Quando a gente está apaixonado por alguém, a gente tem vontade de passar a nossa vida com essa pessoa.

Lia: Quando não gostamos da pessoa desde o início, gostamos um pouco, e depois, quando a vemos várias vezes, começamos a gostar mais dela.

Jordan: Quando eu estava no jardim de infância, tinha uma menina que gostava de mim e eu não gostava muito dela no início. Depois, comecei a falar para ela no recreio que estava começando a ter mais sentimentos por ela, e ela começou a ficar animada, e ela me assediou.

[Risos]

Elia: Às vezes, tem duas melhores amigas que estão apaixonadas pelo mesmo menino e isso pode criar brigas. Tudo isso por causa de um menino que elas gostam, as duas.

Christophe: Eu acho que não se deve se apegar muito a uma pessoa, porque, se um dia essa pessoa deixa de gostar de você ou se ela morre, você vai chorar durante dias e dias.

🅕: Você está dizendo que, se não quisermos sofrer, é melhor não nos apegarmos muito. Mas temos que nos apegar ao menos um pouco ou não?

Christophe: Sim, mas não é para se apegar demais, não. Eu estava mega-apegado ao meu cachorro e quando ele morreu eu fiquei muito triste.

🅕: Escrevi um livro sobre esse tema. Chama-se: *Coração de cristal* (*Cœur de cristal*).

Várias vozes: Sim!

Uma voz: A gente leu esse livro.

F: É sobre uma menininha. O seu cachorro morre e ela diz: nunca mais vou poder ter um cachorro, porque isso me faz sofrer demais. E então o seu avô lhe diz: "Pelo contrário, você tem que abrir ainda mais o seu coração". Se eu escrevi isso, é para dizer que realmente temos medo de sofrer, porque o amor pode nos fazer sofrer. Vocês estão todos de acordo com isso, que o amor nos pode fazer sofrer?

Vozes: Sim.

F: E será que isso é uma razão para não se apegar?

Vozes: Não.

Genna: Mas, por outro lado, não devemos nos apegar muito, como dizia o Christophe. Por exemplo, se conhecemos alguém que tem problemas de coração, o melhor é não nos apegarmos muito, porque essa pessoa corre o risco de morrer.

F: E você acredita que podemos conseguir controlar os nossos sentimentos?

Genna: Sim.

F: Vocês disseram que podíamos ter vários amigos. Mas será que podemos nos apaixonar por várias pessoas?

Uma voz: Sim.

Elia: Às vezes podemos nos apaixonar por dois garotos e um garoto estar apaixonado por duas garotas.

Genna: É verdade que uma menina pode se apaixonar por dois meninos, mas não pode namorar com os dois.

F: Você está fazendo uma distinção interessante. Diz: podemos estar apaixonados por várias pessoas, mas só podemos namorar uma. Poderia me explicar por quê?

Genna: Não consigo explicar.

Francesca: Porque podemos magoar uma das duas. Não podemos viver uma vida dupla.

Elia: Às vezes, um rapaz pode estar apaixonado por duas garotas, mas elas não sabem e ele diz, por exemplo: "Vou para a casa de uns amigos", e na verdade ele vai sair com outra garota.

F: São terríveis, os rapazes!
[Risos]
Marina: Se namorarmos duas pessoas, quando elas acabarem descobrindo, vão brigar e vai dar muita confusão.
Julie: Realmente, não devemos viver com duas pessoas, porque não podemos nos cortar em dois.
Genna: Se gostarmos de duas pessoas, seremos obrigados a escolher se quisermos ser justos, porque no nosso coração haverá sempre uma pequena preferência por uma mais do que por outra.
F: Vocês também já repararam que o amor pode deixar uma pessoa violenta?
Francesca: Sim, porque, quando amamos alguém, se essa pessoa se vai com outra pessoa, bem, vamos sentir ódio.
Julie: Tem uma garota que namorava um rapaz que disse que já não gostava dela e ele começou a sair com outra garota. Ela, para que ele voltasse com ela, quis matar a outra garota.
Genna: Às vezes, tem pessoas que brigam por outra, aí essa pessoa fica afobada e diz: "Isso tudo é por minha causa, então eu vou me matar", ou então são os dois rapazes que vão matar um ao outro.
Ruben: A minha titia e o meu titio, quando eles se separaram, bem, o meu titio estava tão nervoso que ele queimou o carro da minha titia.
F: Quando as pessoas ficam assim, violentas, e às vezes até capazes de matar as outras por ciúme, será que isso ainda é amor?
Uma voz: Não, é ódio.
F: E por que é que o amor e o ódio são tão próximos?
[Ninguém responde]
F: Quando amamos alguém, queremos que essa pessoa seja feliz e, ao mesmo tempo, como estamos apegados ao outro, podemos sentir ciúmes e passar para o ódio, se a ou-

tra pessoa nos deixa etc. Assim, como viram, é ambivalente, o amor. É um sentimento complexo, por isso é bom que reflitam sobre tudo isso, porque durante a vida inteira vocês irão, talvez, se deparar com essas emoções contraditórias.

O que é um amigo?

Da oficina precedente sobre o amor, realizada com crianças de 8 a 11 anos de Brando, tirei a parte mais específica sobre a amizade. Percebi que elas distinguem muito bem os amigos dos namorados e até dos companheiros de brincadeira, e aquilo que elas dizem sobre a amizade é muitas vezes comovente, pois é uma experiência forte nas suas vidas. Ela lhes é tão conhecida e presente no seu dia a dia que facilita o estabelecimento do pensamento e favorece debates animados, dos quais a maior parte das crianças participa.

> **Frédéric:** Gostaria, para terminar, que falássemos um pouco sobre a amizade. O que é um amigo?
> **Francesca:** Um amigo ou uma amiga é alguém para quem contamos tudo.
> **Nathan:** Um amigo é alguém que é fiel e que vai ajudar você o tempo todo.
> **Evan:** Um amigo é alguém que ama você.
> **F:** Sim, mas a sua mãe, ela não ama você?
> **Evan:** Sim.
> **F:** Então, o que torna um amigo diferente?
> **Evan:** Os amigos nos ajudam.
> **Christophe:** É preciso distinguir os amigos dos colegas. Os colegas, temos todos os dias e brincamos com eles. Mas um amigo, na verdade, a gente conta tudo para ele; ele está presente nos momentos em que precisamos dele, nos apoia sempre. É um pouco como o nosso irmão, na verdade.

Genna: Eu acho que não é exatamente isso. Os colegas e os amigos, acho que é a mesma coisa, mas aqueles a quem contamos todos os segredos, esses são os melhores amigos e os melhores colegas.

Julie: Eu não concordo contigo, mas com o Christophe: um colega é alguém de quem você gosta, você pode brincar com ele, mas você não vai dizer tudo para ele, enquanto um amigo é alguém que deve guardar os segredos que você conta. Nos momentos difíceis, um amigo está sempre lá, e é um pouco como um irmão.

Elia: Eu diferencio também os colegas dos amigos. Mas eu diria o contrário do Christophe: os colegas, não os vemos todos os dias, enquanto os amigos, de um modo geral, os vemos muitas vezes.

Matthias: Um colega, brincamos com ele no recreio, mas um amigo, ele pode vir na minha casa.

Christophe: Eu estou de acordo com a Genna, quando ela diz que às vezes os colegas e os amigos são a mesma coisa. Mas tem uma grande diferença entre os dois: é que um amigo, temos um, dois ou três no máximo; enquanto colegas, a gente pode ter dez milhões.

F: O que você acha, Genna?

Genna: Não sei muito bem.

Julie: Eu concordo com o Christophe. No meu caso, a minha melhor amiga é a Genna, e depois tenho muitas outras colegas: a Jenny, a Sarah, a Blandine, a Marina, e tenho muitas que estão no 2º ano. Para Genna, eu posso contar os meus segredos.

Blandine: Um amigo é alguém a quem você se apega muito. Muito mais profundamente que a um colega. Então, quando você muda de cidade ou de escola, você perde seus colegas, mas não os seus amigos.

**Um amigo é alguém que é leal
e que vai ajudar você sempre.**
Nathan (8 anos)

Sobre a amizade, segue-se um trecho de uma oficina realizada com crianças menores, do 1º e do 2º anos escolar (6-7 anos) da escola pública Jacques-Prévert em Pézenas (Hérault).

Frédéric: O que é um amigo?

Kathleen: Um amigo é quando passamos momentos muito bons juntos.

Mia: Eu tinha a minha amiga, ela caiu, e eu a ajudei. É para isso que serve uma amiga.

Lana: Uma amiga é alguém que está lá para você e para compartilhar coisas juntas.

Capucine: Ser amigas é poder estar juntas, se consolar quando estamos tristes, se ajudar, se falar e brincar juntas também.

Romain: Para mim, é quase como a minha família, os amigos.

Manel: É se divertir juntos. Brincamos com os nossos amigos.

Mia: Para mim, a minha amiga é um pouco como uma irmã de coração e nos gostamos tanto que gostaríamos de viver juntas.

[Risos]

Mayssae: Uma amiga é felicidade, é ter felicidade a dois.

🅕: Podemos ter vários amigos?

Todos: Sim!

🅕: Estão todos de acordo? Alguém não concorda?

Uma voz: Sim.

Outra voz: Não.

🅕: Quem é que acha que não podemos ter vários amigos?

Nora: Eu não gosto quando tenho amigos demais e quando a minha amiga tem outros amigos.

F: Você tem ciúmes quando a sua amiga brinca com outros amigos?

Nora: Sim.

F: Mas você acha que podemos ter vários amigos?

Nora: Eu não posso.

F: Então, quem não concorda com isso? Quem pensa que é melhor ter vários amigos?

Capucine: É melhor ter vários amigos, porque você tem mais chances de ter mais felicidade.

Mayssae: Eu acho que ter vários amigos é bom, porque, se um deles vai viajar, podemos contar com os outros para poder brincar com eles.

Bastien: Eu não concordo com a Nora. É bom ter vários amigos, porque, assim, com os nossos amigos podemos fazer ainda mais novos amigos.

F: Então, Nora, você ouviu tudo o que eles disseram. Eles a convenceram de que é melhor ter vários amigos ou você ainda acha que é melhor ter um amigo só?

Nora: Penso que é melhor ter só uma amiga.

F: Tem um filósofo que viveu há 2.500 anos em Atenas, na Grécia, que se chama Aristóteles, que escreveu um belo livro no qual ele fala sobre a amizade, e ele diz que um amigo é alguém que escolhemos, que preferimos aos outros e que sentimos vontade de ver o mais frequentemente possível, para fazer coisas com ele. Vocês estão de acordo?

Todos: Sim!

O ser humano é um animal como outro qualquer?

Nada melhor para refletir sobre o ser humano do que o comparar aos animais! O questionamento filosófico consiste em podermos nos interrogar sobre nós mesmos, para além das evidências e dos pressupostos. A comparação entre a nossa espécie e as outras espécies animais promove uma descentralização propícia à reflexão.

Dediquei, assim, duas oficinas à questão da diferença entre o ser humano e o animal. Vamos ler a transcrição quase integral daquela realizada em Mouans-Sartoux (cidade dos Alpes Marítimos), numa turma de 4º e 5º anos (crianças de 8 a 11 anos) da escola pública François-Jacob.

> **Frédéric:** Para vocês, existe uma diferença entre o homem e o animal?
>
> **Tess:** Eu acho que não há diferença nenhuma, porque a nossa espécie é, ao mesmo tempo, a mais inteligente e a mais estúpida, na verdade.
>
> [Risos]
>
> **F:** Você pode explicar o seu pensamento?
>
> **Tess:** É só que nós somos apenas mais desenvolvidos: andamos em pé, nós temos muitas coisas em comparação com os animais. Mas, fora isso, eu acho que não tem uma verdadeira diferença.
>
> **Elodie:** Eu concordo com você, Tess, é verdade. Tem pessoas que são estúpidas, realmente muito estúpidas. Depois há outras, como os cientistas, que são muito inteligentes, e foi, talvez, graças a eles que nos desenvolvemos. Os animais talvez sejam menos desenvolvidos do que nós em algumas áreas, mas cada animal tem a sua particularidade. Por exemplo, o burro, eu acho que ele tem uma visão que pode ir até muito longe… o leopardo, ele consegue saltar muito alto…

Sebastião: Eu também acho que é a mesma coisa. Porque o homem pré-histórico era um pouco um animal. Na verdade, somos todos animais...

Jana: Os homens e os animais são a mesma coisa, porque cada espécie tem a sua linguagem, embora não seja a mesma.

Mia: Eu não tenho a mesma opinião: o homem e os animais não são nada a mesma coisa.

F: Você pode argumentar?

Mia: Porque se alguém, por exemplo, que tem um filho e um cachorro, se o cachorro fizer muita besteira, o dono pode *tratar ele* mal, e com a criança ele não pode fazer o mesmo.

F: Você quer dizer que eles não têm o mesmo estatuto jurídico?

Mia: É isso! Os seres humanos são mais protegidos do que os animais, justamente porque eles são diferentes.

Enzo: Eu não concordo muito com você, Mia, porque, na verdade, foi o homem que meteu na cabeça que era superior ao animal. Fomos nós que dissemos que éramos superiores aos animais e que deveríamos ter direitos que os animais não têm. Mas isso não prova que somos superiores aos animais!

Robin: Eu concordo com o Enzo. Fundamentalmente, nós somos exatamente iguais, porque nós também somos animais. Somos apenas de uma raça diferente.

**Diferentemente dos animais,
o ser humano nunca
está satisfeito.
Ele quer sempre mais.**

Tess (10 anos)

F: Uma espécie diferente.

Robin: Sim, uma espécie singular, que domina as outras espécies.

Tess: Gostaria de voltar ao que disse a Mia. Existe sim uma diferença entre o homem e os animais, estou de acordo, mas a diferença é que o homem pode matar por prazer, enquanto os animais matam para se alimentar ou para se defender.

Maëlle: Eu não estou de acordo. Eu acho que os animais são iguais a nós. Só que nós, a gente pensa que é mais inteligente do que eles...

F: É o que dizia o Enzo.

Maëlle: Somos irmãos.

Enzo: Gêmeos.

F: Então, vocês pensam a mesma coisa. Não há dúvida de que é um argumento!

[Risos]

Aurélien: Eu acho que é quase igual, mas mesmo assim há pequenas diferenças.

F: Quais?

Aurélien: Se você largar por exemplo um lobo na natureza e um humano, eles não vão se virar da mesma maneira. O lobo tem mais instinto de sobrevivência, ele vai arranjar mais facilmente o que comer. Enquanto o ser humano, ele está mais desligado da natureza. Ele vive no luxo, mas ele não saberia mais sobreviver na natureza.

Baptiste: Os homens e os animais não são iguais, porque os homens inventaram o carro e os animais não!

[Risos]

Marin: Eu não concordo com o Baptiste, porque, por exemplo, se você for à África, você vai ver macacos que fizeram punhais com pedras. Eles são capazes de criar objetos.

Baptiste: Eu dei o exemplo de um carro! Você já viu macacos fabricarem automóveis?

Élodie: Eu não concordo com você, Baptiste, porque cada espécie constrói, por exemplo, a sua casa. Nós fabricamos casas de madeira ou pedra, mas as formigas têm um formigueiro e os pássaros vão construir um ninho. E para construir um formigueiro ou um ninho é preciso algum tempo, não é nada simples. Cada um tem a sua forma de construir as coisas e para isso é preciso inteligência.

Charlie: É verdade! Um formigueiro é muito complicado. Eles precisam de muita gente para trabalhar. Eles não fabricam as mesmas coisas que nós, mas não é nada simples o que eles fazem.

Enzo: Eu vou voltar ao que disseram o Baptiste e o Marin. É verdade que os animais, por exemplo os macacos, criam utensílios. Depois, eles vão facilitar a própria vida e criar outros utensílios e assim vão fazer uma evolução como nós fizemos. Um dia, eles vão cozinhar a carne, evoluir e, daqui a muito tempo, vão ser tão evoluídos quanto nós.

F: Você está dizendo que não há uma diferença fundamental de natureza entre o homem e o animal, mas apenas uma diferença de tempo e de nível na evolução das nossas respectivas espécies?

Enzo: É isso.

Mia: Eu sou totalmente da mesma opinião que o Baptiste: um animal não pode necessariamente fazer a mesma coisa que um ser humano. Nós não somos iguais, mas eu não sei como explicar.

Maëlle: É verdade o que diz o Baptiste, porque os animais não têm a inteligência como nós.

F: Eles não têm a mesma inteligência que nós ou não têm inteligência nenhuma?

Maëlle: Eles fazem as coisas naturalmente, enquanto nós temos sempre de nos perguntar para que serve uma coisa. A inteligência dos homens é mais para coisas que não são necessárias à sua sobrevivência, enquanto a inteligência dos animais é para a sua sobrevivência.

F: É muito interessante, gostaria de saber o que os outros pensam.

Tess: É verdade. Nós pensamos para facilitarmos a nossa vida, mas também para descobrirmos coisas. E daí, a cada vez que ele descobre alguma coisa, o homem quer ir mais longe, mais longe.

F: Ele nunca está satisfeito?

Tess: Isso mesmo, ele nunca está satisfeito. Ele quer sempre mais.

Enzo: Eu, na verdade, acho que os animais são como nós, é preciso apenas lhes dar tempo, e alguns animais, como os macacos e os golfinhos, vão desenvolver o tipo de inteligência e de curiosidade que o ser humano tem hoje.

Robin: Eu concordo com a Tess. Nós, ao contrário dos animais, estamos numa espécie de competição infinita: ser o mais rico, ter as coisas mais bonitas, ser o melhor. Estamos em competição com todo mundo, quando isso não serve para nada. Criamos muitas coisas, como os carros, mas, se eles não existissem, o mundo estaria melhor.

**Nós, ao contrário dos animais, estamos numa espécie de competição infinita:
ser o mais rico, ter as coisas mais bonitas, ser o melhor.
Estamos em competição com todo mundo, quando isso não serve para nada.**

Robin (11 anos)

Será preciso responder à violência com violência?

Muitas oficinas foram feitas em torno da vida em conjunto, do respeito, da justiça, da autoridade. Essas temáticas prestam-se a debates sobre os fundamentos da moral e das regras da vida social. Elas têm uma importância central nas novas disciplinas de Educação Moral e Cívica, que visam formar cidadãos responsáveis, mas são aqui abordadas na perspectiva de um diálogo muito livre; certas intervenções podem parecer vãs ou desajeitadas, mas elas permitem a cada criança se exprimir e confrontar a própria opinião com a dos outros, o que é mais eficaz do que aulas didáticas.

A seguir, dois longos trechos de oficinas sobre esses temas. O primeiro foi realizado com alunos do 2º e do 3º anos de escolaridade (7-8 anos) da escola pública da aldeia de Brando, na Alta Córsega.

> **Frédéric:** Da última vez, nós falamos da felicidade de cada um. Hoje nós vamos falar sobre o "viver junto". O que será preciso para sermos felizes uns com os outros?
> **Camille:** Quando tem crianças que estão sozinhas, nós vamos brincar com elas.
> **F:** Sim, e como se chama, quando damos atenção aos outros dessa forma?
> **Lou:** A gentileza.
> **F:** Então, para sermos felizes juntos, é preciso gentileza.
> **Julien:** Ser solidário?
> **F:** O que significa isso, ser solidário?
> **Julien:** Viver com os outros e ajudá-los quando eles têm problemas.
> **Chiara:** É meio parecido como para viver em comunidade. Por exemplo, às vezes a minha vizinha briga comigo porque fazemos barulho demais na escada e ela não consegue dormir. Então, eu paro de fazer barulho, porque a gente *respeita ela*, como a gente respeita todos os outros vizinhos.

F: A Chiara disse a palavra "respeito". O que é o respeito?
Théo: Quer dizer ajudar as pessoas.
F: Concordam que respeitar quer dizer ajudar?
Todos: Não!
F: Então, é outra coisa. Ajudar é bom, mas respeitar é outra coisa.
Chiara: É como eu disse agora há pouco. Às vezes, quando você tem uma pessoa que está com dor de cabeça, por exemplo, e os outros estão fazendo barulho, a gente deve parar para respeitar essa pessoa.
Uma voz: Para mim, quando eu estou com dor de cabeça, o barulho me faz bem.
[Risos]
F: Ah é?
A mesma voz: Depois passa a minha dor de cabeça!
Mathis: O respeito é também não bater nos outros.
Julien: Não zombar das pessoas. Nos jogos de futebol, às vezes tem pessoas que são racistas e que zombam dos negros. É uma falta de respeito.
F: Sem dúvida! E por que será que é preciso respeitar os outros?
Camille: Para não haver brigas.
Mathis: *Pra* gente ter amigos.
Thomas: Para que os outros não fiquem tristes.
Mathis: Se a gente for muito malvado, apesar de os outros nos respeitarem, depois os pais vão dizer na escola, e depois a escola vai chamar a polícia, e a gente vai para a prisão.
[Risos]
F: Como é que se aprende a respeitar os outros?
Thomas: Eu tenho de ser amável com a outra pessoa para que ela me respeite.

Antoine: Sim, mesmo que elas não nos respeitem, temos que respeitar as pessoas, para que elas tenham vontade de nos respeitar. Como vai fazer bem para elas quando as respeitarmos, isso lhes dará vontade de nos respeitar...

Julien: Eu concordo com o Antoine, mas, se eu ver que eles não estão me respeitando, eu também não vou respeitá-los a vida toda.

Théo: Estou de acordo com o Julien.

Uma voz: Eu também.

Naturel: Eu também concordo com o Julien, porque, quando não nos respeitam, também não devemos respeitar para que eles vejam o que é não ser respeitado.

Antoine: Eu também concordo um pouco com o Julien. Acho que ele tem razão: se eu continuar a respeitar o outro e ele não me respeitar, talvez eu deixe de o respeitar. Mas se ele começar a me respeitar um pouco, então o melhor é que eu continue a respeitá-lo.

F: Então, se a pessoa mudar, continuamos a respeitá-la; se ela não mudar, se ela continuar a não ter respeito por nós, vocês vão se defender, de fato. Mas como?

Mathis: Se ele continuar, a gente vai chamar a polícia.

Antoine: A gente não é obrigado a chamar a polícia. A gente pode falar com a pessoa também.

Mathis: Quando alguém nos azucrina, não devemos bater na pessoa, porque depois nós é que vamos para a prisão.

Uma voz: Mas a gente também tem que se defender um pouco.

F: Sim, mas será que devemos responder à violência recorrendo à violência?

Antoine: Não devemos responder à violência com violência, porque depois isso pode provocar brigas. A gente tem que chamar os adultos ou a polícia.

F: De fato, quando as pessoas não são respeitosas, podemos efetivamente conversar com elas, mas, às vezes, se a situação for grave, é necessário chamar a polícia para fazer cumprir a lei. O que é a lei?

Antoine: A lei é, por exemplo, os terroristas, eles não respeitam a lei, eles matam as pessoas por nada. E isso não é a lei. Não temos o direito de fazer isso.

F: Então, a lei é não matar?

Julien: A lei impede a violência.

F: Sim, e quem é que cria a lei?

Uma voz: O presidente.

F: Não, não é o presidente.

Julien: O prefeito da cidade?

F: Também não!

Antoine 2: É a polícia.

F: Não, a polícia faz respeitar a lei. Mas quem é que cria a lei?

Antoine: A república!

Ninguém no mundo pode conhecer tudo, e a gente pode se enganar se quisermos fazer justiça com as nossas mãos.

Ninon (8 anos)

A oficina seguinte foi realizada com crianças do 2º e do 3º anos (7-9 anos) da escola pública Victor-Duruy, de Fontenay--sous-Bois (Vale do Marne).

F: Vocês acham que podemos fazer justiça com as próprias mãos?
Louis: Não.
F: Por que razão?
Louis: Não podemos fazer justiça com as próprias mãos porque não sabemos tudo sobre a justiça e podemos ser injustos, às vezes.
Gabin: Eu acho que sim.
F: Por que razão?
Gabin: Não sei.
F: Pensa numa razão: quando estamos tentando filosofar damos sempre uma razão, não se trata só do que sentimos. Temos que tentar encontrar um argumento. E depois vocês vão confrontar os seus argumentos. Por que é que você pensa que podemos fazer justiça com as próprias mãos?
Ronan: Eu acho que sim, porque, às vezes, sabemos o que não está certo e podemos melhorar as coisas nós mesmos.
F: De acordo.
Mathis: Eu penso que não, porque não temos sempre razão.
F: Então, você diz, como o Louis, que não sabemos tudo, e por isso podemos nos enganar.
Mathis: Sim.
Ninon: Eu penso como o Louis e o Mathis, ninguém no mundo pode ter razão o tempo todo. Ninguém no mundo pode conhecer tudo e a gente pode se enganar se quisermos fazer justiça com as nossas mãos.
F: Vou fazer a pergunta de uma forma um pouco diferente: Parece legítimo, para vocês, responder à violência recorrendo à violência?

Nisar: Não. Primeiro porque é errado bater nos outros e depois mais vale falar do que continuar com a violência.

🅕: De acordo. Quem ainda não falou?

Lola: Eu penso que não, porque, se a gente tem um problema, é melhor falar disso com um adulto, porque nós, muitas vezes, só sabemos responder com violência e isso não resolve nada.

🅕: Então, agravaria o problema se respondêssemos à violência recorrendo à violência?

Louis: Mais vale falar do que bater, porque bater é estupidez; por outro lado, quando falamos, isso nos ajuda a pensar.

Thibault: Não é bom bater, porque depois isso pode desencadear guerras.

Ronan: É verdade. Você vai começar dando um soco, mas depois você vai acabar com armas. É uma má ideia.

Charlotte: Não, porque é estupidez.

🅕: Por que você diz que é estupidez?

Charlotte: Porque se a gente bate, o outro vai bater também.

Gaspard: Eu também acho que não, porque, se a gente bater, depois a gente vai bater mais ainda, aí a gente vai acabar na prisão.

Sidonie: Não muda nada se a gente bate, enquanto conversar muda.

🅕: O que é que muda, se falarmos?

Sidonie: Podemos fazer as pazes.

Ninon: Sim, mas, às vezes, quando a gente fala pode machucar mais do que quando a gente bate. Por isso, não devemos falar com maldade, não devemos insultar.

🅕: Vocês estão todos dizendo mais ou menos a mesma coisa: não se deve responder à violência com violência, isso não serve de nada, provoca conflitos, guerras e problemas. Então, mais vale conversar. E você disse, Ninon, que devemos tentar fazer isso com palavras que evitem ferir e gerar novamente a violência. Agora, se isso não funcionar, isto é, se a outra pessoa continuar a ser violenta, ou agressiva, o que é que nós podemos fazer?

Anton: Se ainda assim não funcionar, podemos bater.
Clara: Não, é melhor falar com adultos.
Lola: É melhor contar aos adultos, e, assim, o problema vai se resolver.
Gabin: Eu penso como a Lola e a Clara. Acho que mais vale dizer aos adultos do que bater.
Ninon: Devemos falar com um adulto se tivermos um problema com outra criança, mas, quando se tem um problema com um adulto, o melhor é ir à polícia.
F: Para que serve a polícia?
Ninon: Para não ficarmos em perigo. Se tem alguém que bate na gente, nos ameaça, nos chantageia, que nos faz coisas que não deveria fazer, temos de falar com os pais ou, então, falar com a polícia.
Noé: Eu acho que é melhor chamar a polícia, porque na França só tem problemas e nós não podemos resolvê-los de outra maneira.
Louis: Eu concordo mais com o Anton, porque, se você se encontra num impasse com pessoas que batem, você tem que se defender. Você vai chamar a polícia depois para ir atrás deles... Mas de início você não tem escolha: tem que se defender.
F: Então, Louis, o que você está querendo dizer é que depende das circunstâncias.
Anton: Mas, então, se vamos sempre procurar uma pessoa para nos ajudar, para que é que serve fazer judô?
F: Se não houver nenhuma solução, é preciso se defender.
Thibault: Eu penso que sim, porque, quando se está num impasse com outros que têm um revólver, você pode se defender com o judô.
F: Você não fará grande coisa com o judô contra um revólver, mas afinal... Por que não?!
[Risos]
Lola: Você foge, e pronto.

F: Sim. A melhor solução, se pudermos, é a fuga! Bem, vejo que a maioria de vocês concorda em não responder à violência com violência. Vocês falaram da polícia que existe para que as leis sejam respeitadas. Eu vou fazer outra pergunta para vocês que vai um pouco ao encontro disso tudo, mas de uma forma diferente: A autoridade parece necessária para vocês?

Ninon: Sim, porque, sem autoridade, haveria guerras por todo o lado, haveria conflitos, haveria mortos, haveria 26 mortos por dia nesta escola...

[Risos]

F: Bem, Ninon, você é otimista!

[Risos]

F: A autoridade é o quê?

Ninon: A autoridade é para se respeitar as regras: você não mata ninguém, você não chantageia, você não rouba...

F: Como é que se chama tudo isso?

Ninon: A lei?

F: A lei, exatamente. Continuem.

Louis: Eu estou em parte de acordo com a Ninon, mas não completamente, porque o roubo, a violência, as ameaças, nunca a gente vai poder acabar com isso...

Ninon: Sim, mas é melhor acabar com metade do que continuar da mesma maneira...

Louis: Mas você nunca vai poder parar totalmente com isso.

F: Você está querendo dizer que a lei não serve para nada?

Louis: Não.

F: O que você quer dizer, então, é que a lei é necessária, mas não é suficiente?

Louis: Sim.

F: O que seria preciso, além da lei, para melhorar o mundo?

Louis: A gente nunca vai poder fazer isso.

Sim, mesmo que elas não nos respeitem, temos que respeitar as pessoas, para que elas tenham vontade de nos respeitar. Como vai fazer bem para elas quando as respeitarmos, isso lhes dará vontade de nos respeitar...

Antoine (7 anos)

F: Você acha que não tem outra solução?
Louis: Não.
F: Vocês concordam com o Louis?
Clara: Seria preciso que todos se explicassem em vez de se matarem uns aos outros.
Gabin: Seria preciso que todo mundo fosse feliz e assim não teria mais conflitos e violência.
F: Ah, é muito interessante o que você está dizendo, Gabin. O que vocês pensam sobre isso?
Lola: Eu não concordo muito, porque não podemos tornar todas as pessoas felizes! É bonito, mas é impossível que todo mundo seja feliz e que não tenha mais guerras.
F: Um grande filósofo, que viveu no século XVII, chamado Espinosa, dizia mais ou menos a mesma coisa que o Gabin. Ele dizia que, se todas as pessoas fizessem um esforço para vencer as suas emoções e as suas paixões tristes – os seus medos, as suas raivas, as suas invejas, seus ciúmes etc. –, elas seriam mais felizes e deixaria de haver conflitos.
Louis: Não concordo muito, porque, se um ladrão se sentir feliz em matar, em roubar etc., isso não resolverá nada!
Thibault: Além disso, se a gente der tudo às pessoas para serem felizes, ainda assim vai ter gente que não vai ficar feliz.
Clara: Eu concordo, é quase impossível que todo mundo seja feliz, porque a gente não pode ter tudo o que a gente quer. E estou de acordo com o Louis: se o que faz o ladrão feliz é roubar ou o terrorista em matar, então nunca resolveremos o problema.
F: Gabin, você quer responder?

Gabin: Sim, mas tem conflitos também, porque existem pessoas muito pobres e outras muito ricas. Se dividíssemos melhor, haveria menos violência.

Mathis: Eu concordo com você, Gabin, porque se os ricos ajudassem mais os pobres, então os pobres seriam mais felizes e haveria menos violência.

Noé: Eu acho que nós precisamos de pouco para sermos felizes. Então, o problema não é o dinheiro em primeiro lugar.

F: Na verdade, o Gabin lançou duas ideias: que se as pessoas fossem mais felizes, talvez houvesse menos conflitos; e que se nós compartilhássemos mais, talvez houvesse menos conflitos. Eu gostaria que avançássemos para outra ideia nesse sentido, que é a seguinte: Vocês acham que poderíamos melhorar o mundo por meio da educação?

Gaspard: Às vezes, tem terroristas que não foram à escola. Se eles tivessem ido, talvez não tivessem se tornado terroristas.

Ninon: Sim, eu acho que a educação pode ajudar. Mas também acho que não é preciso necessariamente ter dinheiro para ser feliz, basta apenas dar um belo sorriso e, se você sorrir para todo mundo, talvez isso seja o suficiente para que todo mundo sorria...

Clara: Na verdade, eu concordo bastante com a Ninon: seria bom se fizéssemos mais coisas para que algumas pessoas fossem mais felizes à nossa volta.

Anton: Finalmente, eu concordo um pouco com o Gabin, porque eu gosto muito da vida, e, quando somos felizes, não sentimos vontade de fazer mal aos outros. Os terroristas gostam de matar, mas, no fundo, talvez seja porque eles não gostam da vida e porque não são felizes.

F: É exatamente o que dizia Espinosa... e o Gabin!
[Risos]
F: Para terminar, gostaria de lhes dizer uma frase de Gandhi... Vocês sabem quem foi Gandhi?
Todos: Não!
F: Gandhi foi um sábio e um político que viveu no século XX e que ajudou a Índia a se tornar independente. Foi um grande pacifista que defendeu a não violência. E ele dizia o seguinte: "Sejam a mudança que querem para o mundo". O que vocês acham disso?

Ninon: É verdade, porque, por exemplo, se alguém diz "Cale-se" e depois fala, ele está pedindo ao outro que mude, mas ele não o faz. Então, não pode funcionar.

Gabin: Eu concordo com Gandhi, porque, por exemplo, se alguém está infeliz porque não gosta do seu trabalho, bem, se ele mudar a sua vida, ele ficará mais feliz. É mudar a si mesmo antes de julgar os outros.

Eu gosto muito da vida, e, quando somos felizes, não sentimos vontade de fazer mal aos outros. Os terroristas gostam de matar, mas, no fundo, talvez seja porque eles não gostam da vida e porque não são felizes.

Anton (7 anos)

Charlotte: Eu estou de acordo com Gandhi, porque, se todo mundo mudar, todo mundo será feliz e não haverá mais conflitos, não haverá mais guerras.

Anton: Não é assim tão simples. Se você quiser mudar o mundo e se você quiser que não exista mais terroristas… como fazer?

F: A solução, para Gandhi, é o que dizíamos há pouco sobre a lei. Ele está de acordo com esta ideia: a lei é necessária, mas não basta, é preciso também que os indivíduos mudem. Concordam com essa ideia de que, se os indivíduos se transformarem e mudarem, o mundo também mudará?

Anton: Sim, mas como?

F: Ainda há pouco falávamos sobre a educação: não seria uma solução?

Maya: Eu acho que, se você tem filhos e os educa bem, depois, quando eles crescerem, não farão qualquer coisa maluca que der na cabeça. Talvez as pessoas que matam as outras não tenham tido uma boa educação?

Ninon: Eu concordo mais contigo, Anton, porque os assassinos e os ladrões não dão a mínima para as leis. Gandhi falou para eles mudarem, mas eles não o farão…

F: Sim, mas o que dizia a Maya é que a mudança podia ter ocorrido enquanto crianças, por meio da educação.

Ninon: Eu concordo. É verdade que, se os pais não os educaram bem, se os deixaram entregues a si mesmos, só podia acabar mal.

Ronan: Com certeza, se eles tivessem aprendido a fazer meditação, como nós, talvez eles não tivessem se tornado agressivos. Eu acho que a meditação ajuda a ficar calmo e a tentar perdoar. E se você perdoa, você já não tem mais vontade de se vingar e vai ter muito menos violência depois.

Gaspard: Eu concordo com o Ronan: se todo mundo fizesse meditação, o mundo estaria muito melhor.

Qual é a diferença entre acreditar e saber?

Senti que era necessário questionar a crença e a religião. As crianças estão atualmente muito marcadas, como todos nós, pelo fanatismo religioso expresso pelo terrorismo. Elas abordam espontaneamente o assunto sempre que se toca no tema da religião. Pareceu-me, todavia, útil estender a reflexão a uma temática menos fervorosa e fundamental: a distinção entre acreditar e saber, entre crença e conhecimento.

Essa oficina, realizada com uma turma de 2º e 3º anos de escolaridade (7-9 anos) na Escola La Découverte em Genebra, é ainda mais instrutiva na medida em que as crianças vêm de horizontes religiosos diversos (sem religião, catolicismo, protestantismo, islamismo, judaísmo e budismo).

Frédéric: O que é uma religião?

Justin: Uma religião é quando uma pessoa acredita que Deus criou o mundo. E, às vezes, a religião causa brigas.

Kelan: Sim, às vezes, as religiões brigam umas com as outras, porque não têm as mesmas ideias, e depois vem a guerra.

Alissa: Uma religião é uma tradição. As pessoas acreditam que Deus existe, e depois há várias religiões que não concordam umas com as outras.

Talia: Uma religião, para mim, são pessoas que têm uma crença e que mudam a sua vida cotidiana.

F: Você quer dizer que as suas crenças influenciam as suas vidas cotidianas?

Taliz: Sim. E depois, à medida que avançam, elas inventam talvez histórias, muitas coisas.

Isak: As pessoas, como não têm a mesma religião, não são gentis umas com as outras.

Justin R: Na verdade, as religiões nem sempre provocam a guerra. Também há leis nas religiões que dizem para não fazer guerra e para ser gentil com as outras pessoas.

F: Então, o que você está dizendo é que, algumas vezes, a religião cria a guerra e que, em outras vezes, ela cria a paz?

Justin R: Não, não causa a paz, mas em todas as religiões há paz.

F: Tem mensagens de paz. Vocês concordam com isso?

Todos: Sim!

F: Quais são as mensagens de paz das religiões?

Uma voz: Você pode criar a paz quando você faz orações.

Talia: Eu acho que, nas religiões, há sempre regras e crenças que trazem um pouquinho de paz. Na Tailândia, por exemplo, tem budas por todo lado, nas ruas, nos restaurantes, e as pessoas fazem as suas orações, e isso cria paz.

Justin R: Na verdade, tem muitas mensagens de paz nas religiões, mas também tem mensagens que causam a morte.

F: Me dê um exemplo de uma mensagem de paz.

Justin R: Você deve adorar as pessoas que você detesta.

F: "Adorar"? Tem certeza de que essa é a palavra certa?

Justin R: Amar.

F: E onde está escrita essa mensagem?

Justin R: Não sei... na Bíblia.

Dizer que foi Deus que criou o mundo é uma crença, mas eles pensam que é um saber.

Talia (8 anos)

🅕: Sim, na Bíblia. A mensagem é: "Amai os vossos inimigos e aqueles que vos fazem mal". É Jesus que diz nos evangelhos. Alguém conhece alguma outra mensagem de paz?

Justin: Eu sou adventista do sétimo dia. É uma religião cristã, em que o sétimo dia é santo. Começa na noite de sexta-feira e acaba na noite de sábado. Na igreja há muitas crianças rezando para agradecer a Deus.

Alissa: Eu sou muçulmana, e na Bósnia há uma pedra onde está escrita uma mensagem de paz.

🅕: Você se lembra qual é?

Alissa: Não muito bem. São mais os meus pais que são muçulmanos. Eu estou aprendendo um pouco as coisas.

Isak: Eu não tenho exatamente uma religião, mas a minha avó e o meu avô são religiosos e, todas as noites, antes de comermos, eles agradecem a Deus por termos alguma coisa para comer.

Talia: A minha mãe é um pouco budista e ela faz meditação.

🅕: Vocês disseram várias coisas que são positivas nas religiões: as orações, as mensagens de amor. Então, agora, me digam como as religiões podem gerar violência.

Isak: A violência é quando as pessoas são de duas religiões diferentes.

🅕: Sim, e por que é que isso às vezes gera violência?

Isak: Porque eles querem que todo mundo tenha a mesma religião.

Sasha: Cria violência, porque as religiões não estão de acordo com as outras religiões.

Alissa: Por vezes, uma religião pensa que a sua religião é a melhor. E a outra religião pensa que é ela que é a melhor e que as outras estão erradas.

Nicole: Concordo. O que cria a guerra entre as religiões é quando os crentes de uma religião acham que são melhores do que os outros e que todo mundo devia acreditar na religião deles.

Talia: Os conflitos por causa da religião podem acontecer a todo o momento. Se duas pessoas de religiões diferentes trabalham juntas e falam de religião, elas podem se desentender.

F: Eu gostaria de ouvir, para terminar esse tema, quais de vocês pensam que as religiões criam mais paz do que conflito, e quem pensa, ao contrário, que as religiões criam mais conflitos do que paz.

Justin: Isso depende das religiões.

Alissa: Depende também da época.

Justin: É verdade, porque tem religiões que agora fazem guerra e que antes não faziam guerra, e tem religiões que antes faziam guerra e que agora fazem paz.

Clara: É um pouco das duas coisas. As religiões, elas fazem umas vezes guerra e outras vezes fazem paz.

F: Há pouco, um de vocês disse que a religião se baseia numa crença. O que é uma crença?

Laura: Uma crença é, por exemplo, um católico que acredita em Deus.

Sasha: Uma crença pode ser acreditar que a sexta-feira 13 dá azar.

Blanche: As crenças podem ser alguma coisa em que todo mundo acredita num país. Mas as pessoas dos outros países, elas não têm as mesmas crenças.

Kelan: Tem pessoas que acreditam que foi Deus que criou o mundo e outras pessoas que acreditam que o *Big Bang* é que está na origem do mundo.

F: Será que podemos pôr as duas coisas no mesmo nível? Será que as religiões e a ciência são a mesma coisa? Qual é a diferença entre acreditar e saber?

Sasha: Se você acredita numa coisa, você não tem a certeza de que ela possa existir. E se você sabe, é porque você tem mesmo certeza.

Alexandre: Eu sei que tenho pés, mas acredito nos extraterrestres, por exemplo.

Alyssa: Sim, saber é aquilo que você viu e que existe com certeza. E acreditar é quando uma coisa pode existir, mas talvez você não tenha visto.

Kelan: Eu sei que as árvores existem, é certo. E eu acredito que existe uma árvore com flores, mas eu não tenho certeza.

F: A ciência, que pertence ao domínio do saber, baseia-se em quê?

Sasha: Na experiência.

Alice: Nas experiências. Você testa.

Isaac: Na inteligência.

Clara: No pensamento.

F: Então, um saber científico é uma coisa sobre a qual todo mundo pode estar de acordo, porque é um conhecimento verificado pela experiência. Vocês todos concordam com isso?

Vozes: Sim.

Talia: Mas há saberes científicos nos quais nem todo mundo acredita.

F: Você quer dizer que há desacordos?

Eu não tenho certeza que Deus existe, mas eu também não posso afirmar que Ele não existe. Eu acho que teremos provas ao menos, dentro de cem anos.

Ella (9 anos)

Talia: Sim, mesmo em relação aos saberes científicos.

F: Me dê um exemplo.

Talia: Por exemplo, tem pessoas que acreditam que o *Big Bang* existiu e outras que dizem que foi Deus que criou o universo.

F: Mas para aqueles que acreditam que Deus criou o universo, será que se trata de um saber científico?

Talia: Não, mas eles acham que os cientistas estão enganados.

F: E dizer que foi Deus que criou o mundo é um saber ou uma crença?

Talia: É uma crença, mas eles pensam que é um saber.

É melhor ser mortal ou imortal?

Dediquei duas oficinas ao tema da morte, nas quais vários aspectos foram discutidos, especialmente as crenças sobre a vida depois da morte. A discussão mais fecunda, de um ponto de vista filosófico, foi quando as crianças tentaram responder à pergunta: Seria melhor ser imortal em vez de mortal? Devo confessar que eu fiquei surpreso com o número de crianças que argumentaram em favor da mortalidade e com a sua impressionante serenidade ao falar sobre a sua própria morte, assunto frequentemente considerado difícil de se enfrentar na infância. Dá o que pensar aos adultos que têm dificuldade em abordar essa questão e que aspiram à imortalidade!

Começo apresentando os extratos da oficina realizada com uma turma do 4º e do 5º anos da escola pública de L'Orée du Bois, em Mouans-Sartoux.

Frédéric: Será que seria melhor ser imortal em vez de mortal?

Vozes: Sim.

Outras vozes: Não.

F: Tem alguns que dizem que sim, alguns que dizem que não. Podem apresentar as suas argumentações.

Léa: Eu acho que é melhor ser mortal, porque, se fôssemos imortais, não poderíamos ser criança, adolescente, adulto e idoso, e seria uma pena!

Pénélope: É melhor ser mortal, porque, se ninguém morresse e houvesse sempre mais nascimentos, haveria gente demais na Terra.

Antoine: Eu também acho que é melhor morrer, porque, se fôssemos imortais, acabaríamos vendo tudo na Terra e depois já não saberíamos mais o que fazer!

Éline: Se fôssemos imortais, o mundo não evoluiria, porque as pessoas seriam sempre as mesmas que não mudariam, e assim as coisas não poderiam evoluir.

Paul: Eu estou dividido. É bom ser imortal, para a gente não ser nunca separado das pessoas que a gente ama, como a nossa família. Mas eu também concordo com a Léa, que é bom crescer e evoluir, da infância até a velhice.

Chiara: Eu acho que é melhor morrer, mas numa idade avançada... Porque eu conhecia uma menina que morreu aos 5 anos, e é triste morrer tão jovem.

Mélina: Eu acho que mais vale não sermos imortais, porque se você nasce com uma doença grave e que você não pode morrer, você vai sofrer daquilo para sempre...

Paul: É verdade e, por exemplo, se a gente tem pais que brigam, se eles forem imortais, eles vão ficar brigando para sempre!

[Risos]

Eva: Sendo imortal, a gente não pode decidir morrer se a gente quiser. As pessoas infelizes ficariam infelizes para sempre.

F: Até agora, à exceção do Paul, que evocou a perda das pessoas que nos são próximas, eu só ouvi argumentos a favor da mortalidade. No início da sessão, a maioria de vocês me pareceu estar mais favorável à imortalidade. Será que tudo aquilo que vocês ouviram os fez mudar de opinião? Ou será que ainda há outros argumentos a favor da imortalidade?

Eva: A imortalidade, a vantagem é que você não tem mais medo de morrer, de ficar doente ou de sofrer acidentes. De repente, você não tem mais medos...

Como não somos imortais, aproveitamos mais as coisas da vida.

Madeleine (9 anos)

Responderam à mesma pergunta as crianças de uma turma de 4º ano de Paris (escola privada Fénelon, no 8º distrito). Embora tenha encontrado algumas ideias distintas, eu fiquei espantado com a similaridade da maioria dos argumentos elaborados, mesmo as crianças sendo provenientes de meios sociais diferentes.

Colombe: Seria melhor ser imortal, porque assim a gente poderia fazer mais coisas, a gente poderia ter aqueles que amamos o tempo todo com a gente.

Victoria: Se fôssemos imortais, os homens pré-históricos ainda estariam vivos, assim poderíamos saber o que aconteceu antes de nós.

Camille: Eu não concordo com você. Ao contrário, é preferível ser mortal, porque, se a gente fosse imortal, nós nunca teríamos evoluído, seríamos ainda como os homens pré-históricos.

Madeleine: É melhor não sermos imortais, porque desfrutamos mais das coisas sabendo que somos mortais. Eu, por exemplo, gostaria de ir à América. Se eu fosse imortal, eu me diria: vou lá daqui a cem anos, de qualquer maneira eu ainda estarei viva... Mas como a gente não é imortal, a gente aproveita mais das coisas da vida.

F: Vivemos mais intensamente?

Madeleine: Sim.

Violette: A gente pode recomeçar a sofrer sempre sem nunca morrer. Então, desse jeito, poderíamos sofrer a vida toda. E isso não me agrada!

Alice: Se a gente fosse imortal, a gente poderia se entediar. Ao passo que assim... aproveitamos mais...

Elliot: Eu acho que é melhor ser mortal, porque, se a gente continuar a ter filhos, não haveria mais espaço na Terra.

Victoria: Seria bom se a gente fosse imortal, mas que houvesse sempre a paz!

Castille: Eu concordo com a Alice e com a Jeanne. Depois de termos feito tudo, depois de um tempo, estaríamos fartos. Além do que, se a gente faz o tempo todo o que dá na telha, porque a gente não tem medo de morrer, seria a maior confusão no mundo inteiro. E também acho que numa história é bom ter um começo e um fim. Porque, quando a gente nasce, ficamos contentes em viver e a gente vive muitas aventuras, e chega uma hora que a gente se esgota. Então, é melhor que isso acabe.

Jean: Eu também acho que é bom ser mortal, porque senão os dinossauros ainda existiriam...

Uma voz: Pensando bem, seria bom sermos imortais, porque a gente poderia montar em dinossauros.

[Risos]

F: Sim, caso você conseguisse domar os dinossauros.

[Risos]

Victoria: Seria bom ser imortal, porque poderíamos fazer o que desse vontade.

Violette: Eu não entendo por que você diz isso, Victoria.

Victoria: Poderíamos fazer o que quiséssemos: comer, dormir, ler, viajar...

Violette: Mas isso a gente já faz.

Victoria: Sim, mas depois de um tempo a gente não ia mais precisar ir à escola, aí a gente ia poder fazer tudo que a gente gosta.

Céleste: Sim, mas, se não temos uma vida boa, não temos casa, ficamos infelizes e não podemos morrer, muito ruim.

Lucille: Muitas vezes nós dizemos que seria bom ser imortal. Mas, na verdade, depois de algum tempo, seria entediante. E, sobretudo, imaginemos que alguém descobrisse como se tornar imortal, isso estragaria a obra que Deus criou, porque depois seria uma confusão enorme. Não seria nada bom.

Hugo: Ora, não, porque vai ter sempre policiais...

Alice: Eu concordo com o que disse a Madeleine: sabendo que vamos morrer, a gente vai aproveitar mais a vida. Temos que aproveitar antes de morrer. Então, ainda bem que somos mortais!

> **É melhor morrer, porque, se fôssemos imortais, acabaríamos vendo tudo na Terra e depois já não saberíamos mais o que fazer!**
>
> Antoine (11 anos)

A vida tem um sentido?

Dediquei três oficinas a essa questão. Vou transcrever aqui, quase integralmente, a sessão feita em Genebra, na Escola La Découverte, com crianças dos 9 aos 11 anos. A maturidade revelada nas respostas não se deve apenas ao meio cultural privilegiado ao qual esses alunos pertencem, mas também ao fato de a maioria deles já praticar esses debates filosóficos toda semana com a sua professora há vários anos. O resultado, em cima de um tema pouco evidente, é muito animador. Apesar da linguagem ainda um pouco imprecisa das crianças, poderíamos imaginar estar diante de alunos bem mais velhos!

Frédéric: A vida tem um sentido?

Aneesh: Sim, a vida tem um sentido; nos dirigimos para a morte.

[Risos]

A vida tem um sentido porque temos amigos, uma família, primos, pessoas com quem compartilhar. Senão, ela não tem sentido. A vida tem sentido quando somos felizes.

Amim (8 anos)

Alice 1: Para mim, o sentido não é a direção, mas o valor. Por exemplo, se você consegue ajudar alguém, se você pode levar alegria aos outros, isso dá sentido à sua vida.

Sarla: Estou de acordo com a Alice em relação ao valor. Para mim, o sentido da vida é antes disso: para que serve viver? A vida pode nos fazer aprender coisas.

Jacob: Eu concordo com o Aneesh e com a Alice: a direção e o valor. Mas eu acho que a morte também faz parte da vida.

Vesna: Na verdade, a vida, acho que não tem realmente um sentido, mas que podemos, ainda assim, prever as grandes direções. Tem coisas que já estão escritas e que os cartomantes, por exemplo, podem prever.

F: Você acredita que cada indivíduo tem um destino?

Vesna: Sim. Nós não podemos saber tudo, mas há direções que já podemos prever. Mas isso não quer dizer que a vida tenha necessariamente um sentido.

Alice 1: Eu não concordo com você, Vesna. A vida tem sim um sentido exatamente porque nada está programado antecipadamente e podemos escolher viver desta ou daquela maneira, em função dos nossos valores. Mas também estou de acordo com o Aneesh e o Jacob: a vida também se dirige para a morte, e a morte faz parte da vida.

Adrien: Para mim, só tem dois momentos que não podemos decidir: quando você nasce no mundo e quando você parte do mundo. Mas você é livre entre o seu nascimento e a sua morte.

F: Você quer dizer que não há um sentido predeterminado, mas que cada um pode dirigir a sua vida como quiser?

Adrien: Sim, vai ter sempre o mesmo princípio e o mesmo fim para todos. E entre os dois, cada um tem a liberdade de ir nessa ou naquela direção.

F: Entendi, mas, entre os dois, você acha que nós podemos dar sentido à nossa vida em termos de valor, como dizia a Alice?

Adrien: Sim.

F: Então, o que seria para você dar sentido à sua vida?

Adrien: Ajudar os outros, fazer as pessoas felizes, fazer coisas boas.

Alice 2: Eu não acho que a gente possa dizer que a vida tem um sentido. Quando me perguntam qual é o sentido da vida, eu interpreto a pergunta como o "porquê" da vida. Na minha opinião, a vida não tem um porquê. Senão, por que é que tem pessoas morrendo de fome e outras com tanto dinheiro que nem sabem o que fazer com ele? Eu acho que a vida não tem um porquê, mas que cada um pode dar sentido à sua vida, se orientando dessa ou daquela maneira, em função, como dizia a Alice, dos seus próprios valores.

Vesna: Eu acho que a gente não é tão livre assim e que é também o destino que decide um pouco do que acontece.

F: As suas ideias não se perdem, Vesna! O que é o destino para você?

Vesna: Eu não sei muito bem como explicar. Por exemplo, se o seu destino é morrer assim, mesmo que os médicos tentem prolongar a sua vida, não serve para nada, porque o seu destino é morrer assim.

Giada: Mesmo que o seu destino seja morrer de tal doença, se os médicos conseguirem salvar você, por exemplo, lhe dar um medicamento que possa fazer você durar mais tempo, isso vai sim servir para alguma coisa.

Alice 1: Como disse o Adrien, nós somos livres. Depois, a vida pode ter sentido ou não. Se você escolher alguma coisa que possa ter sentido, a sua vida terá sentido. Se você não lhe der um sentido, paciência, a sua vida não fará sentido.

F: Então, cada um dá ou não sentido à sua existência?

Alice 1: Sim, e é livre. Vesna, eu não acredito que já esteja programado e que a gente tenha um destino. Ou então temos apenas para o fim, mas no meio a gente é livre. Por exemplo, Ulisses vai voltar para casa dele, talvez esse seja o seu destino, mas antes ele vai viver muitas aventuras e é livre para fazer tal ou tal coisa.

Aneesh: É bem verdade. O destino de todos nós é morrer: a gente sabe que é assim que a história vai terminar. Mas nós somos livres para escolher a maneira como vamos morrer. Aquele que morre num campo de batalha, foi ele que escolheu ir lutar e correr o risco de morrer assim.

Sarla: Eu não estou totalmente de acordo contigo, porque a forma como você morre, sim, você pode em alguns casos escolher, mas também pode ser que os outros a escolham: se você morrer num atentado, por exemplo, você não teve escolha. Então, a gente não pode sempre escolher as coisas.

Manon: Eu queria dizer uma coisa em relação ao que disseram a Alice e a Vesna. Não temos necessariamente um destino, como disse a Alice. Isso porque, por exemplo, se eu estiver num carro e sofrer um acidente, talvez depois eu vá encontrar alguém no hospital, com quem eu me casarei… Mas, se eu não tivesse saído de casa e não tivesse entrado no carro, nada disso me aconteceria.

Ella: Eu acho também que, se você acreditar no destino, você se diz: não vale a pena os médicos tentarem salvar alguém se o seu destino é morrer. Então, a gente não faz mais nada para tentar mudar as coisas ou para ajudar as pessoas, se nós acreditarmos no destino e que tudo está programado.

F: E o que é que você acha?

Ella: Que nós temos a escolha e que nada está programado.

Alice 2: Concordo com você, Ella. E se para você, Vesna, não serve para nada sobreviver quando você tem uma doença, porque você vai morrer de qualquer forma, então se não serve de nada sobreviver, não serve de nada viver. Por isso, pessoalmente, acho que não tem nada programado na nossa vida. Tudo depende de nós. Mas depois depende também das nossas crenças. Talvez tenha pessoas que vão acreditar no destino, e pessoas que não vão acreditar. Cada um tem o seu ponto de vista, e eu acho que é uma questão à qual é realmente impossível dar uma resposta.

F: Que filósofa, Alice!

Para mim a vida tem um sentido, porque às vezes não recebemos uma coisa que gostaríamos, mas depois alcançamos outra coisa que é melhor. Na vida temos sempre uma segunda chance.

Ayoub (9 anos)

Salma: Eu concordo com a Manon, porque, nos filmes, às vezes, há um personagem que é pobre e aí depois ele vai fazer uma escolha, por exemplo, a de virar à esquerda e de repente ele vai salvar a estrela e se tornar a pessoa mais rica do mundo. Bem, se ele não tivesse feito essa escolha, a sua vida teria sido completamente diferente. Então, nós temos escolha.

Loïc: Eu também não acredito que a gente possa ter um destino.

F: Por quê?

Loïc: Porque se a gente tem um destino é como se, por exemplo, a gente tivesse uma doença, a gente acha que vai morrer, mas, se alguém descobrir um remédio, a gente talvez vá se curar. Então, com isso, o nosso destino vai ser modificado.

F: Vesna, você gostaria de responder a tudo o que foi dito sobre o destino? O seu ponto de vista mudou um pouco ou não?

Vesna: Eu, pessoalmente, não acredito na sorte. Por exemplo, para uma pessoa se tornar uma estrela, muitos dizem: "Sim, foi muita sorte", mas, para mim, eu não acho que seja a sorte. É sobretudo trabalho. E talvez seja o nosso destino. Mas a sorte não existe.

Achraf: Eu não concordo com você, porque, se você encontra uma moeda na rua, assim por acaso, você não vai dizer: "Encontrei porque procurei em todos os mapas de Genebra". Você vai dizer: "Eu tive a sorte de encontrar esta moeda!"

F: Vesna, você concorda em dizer que a sorte pode existir de vez em quando, ou não?

Vesna: Não, eu não acredito.

Giada: Tem várias pessoas que trabalharam muito para se tornar uma estrela, mas que não conseguiram. E tem outras que trabalharam menos, mas que conseguiram chegar lá. Talvez porque elas tenham conhecido outras pessoas que puderam ajudá-las. Isso é um pouco de ter sorte.

Margot: Eu concordo com o que disseram a Vesna e o Achrat. Se tem uma prova e você tira boa nota, é porque você estudou. Mas, se você encontrar uma moeda no chão, como disse o Achrat, é sorte.

F: Gostaria de finalizar com outra questão. A Alice dizia que não há um sentido na vida necessariamente, mas que cada um de nós pode dar sentido à sua existência. Então, eu gostaria de saber qual sentido vocês têm vontade de dar à vida de vocês.

Giada: O primeiro sentido que eu tenho vontade de dar à minha vida é de me divertir.

[Risos]

Salma: Eu, na verdade, não tenho vontade de dar um sentido à minha vida, eu quero apenas que as coisas venham naturalmente e as receber. Cada acontecimento importante para mim é como um portal, e, quando você passa por ele, depois a sua vida muda. Eu só quero passar por esses portais e eu verei depois o que quero fazer.

Achraf: Estou de acordo com a Salma, não quero saber de nada que vai acontecer na minha vida. Estou feliz apenas por estar sobre a Terra.

Sarla: Para mim, dar valor é tipo, por exemplo, estar contente que o mundo esteja contente e obter o que eu desejo na vida.

Jacob: Eu, na minha vida, agora, eu gostaria muito de me tornar um pesquisador, porque eu adoro a ciência, e gostaria também de fazer as pessoas felizes.

F: Você gostaria de acrescentar alguma coisa, Sarla?

Sarla: Sim, eu gostaria de servir para alguma coisa no mundo. Mais do que ser rica e feliz e as pessoas ficarem zangadas comigo; prefiro ser pobre e fazer as pessoas felizes, e saber que fui útil aos outros.

Giada: Eu realmente não faço nenhuma questão de ser útil aos outros. Não é o meu objetivo de vida, eu prefiro me divertir!

[Risos]

F: Pelo menos, está bem claro. Vamos concluir com a Alice.

Alice 2: Bem, na minha vida, se eu pudesse escolher, gostaria de fazer bons estudos, ter o trabalho dos meus sonhos, encontrar o amor da minha vida... e ser feliz!

Quando me perguntam qual é o sentido da vida, eu interpreto a pergunta como o "porquê?" da vida. Na minha opinião, a vida não tem um porquê. Senão, por que é que tem pessoas morrendo de fome e outras com tanto dinheiro que nem sabem o que fazer com ele? Eu acho que a vida não tem um porquê, mas que cada um pode dar sentido à sua vida, se orientando dessa ou daquela maneira, em função […] dos seus próprios valores.

Alice 2 (9 anos)

O que é uma vida bem-sucedida?

A mesma pergunta sobre o sentido da vida é, dessa vez, apresentada a crianças menores (7-8 anos) da escola pública de Brando, na Alta Córsega. Eu a estendi com esta outra questão: O que é uma vida bem-sucedida? Uma forma de falar sobre os valores, sobre o que estabelece uma ética de vida, sobre o que dá sentido à nossa existência.

Frédéric: Para vocês, a vida tem um sentido?
Antoine 1: O sentido da vida é, por exemplo, compartilhar.
Julien: O sentido da vida é vivermos juntos.
F: Muito bem, mas o que isso quer dizer, isso de a vida ter um sentido?
Julien: Não sei como explicar...
F: Gostaria que conseguissem encontrar as palavras. Quando dizemos que a vida tem um sentido, o que significa isso?
Mathis: Retribuir a gentileza que recebemos.
F: Mais uma vez, é um exemplo: vivermos juntos, retribuir a gentileza, compartilhar... Mas o que quer dizer isso?
Uma voz: Fazer amigos.
F: Sim, mas isso também é algo concreto.
Antoine 2: Então, o sentido é o que importa?
F: Você quer dizer que dar um sentido à vida é considerar aquilo que é mais importante, é isso?
Antoine 2: Sim.
F: Vocês concordam em dizer que dar um sentido à vida é definir aquilo que é primordial?
Vozes: Sim.
F: Agora que vocês estão de acordo, me digam: O que é primordial para vocês.
Antoine 1: Ter uma família.
Julien: Eu já disse: vivermos bem juntos.

Lou: Ter prazer.

Luana: A saúde.

🅵: Você quer dizer que o sentido da sua vida é estar com boa saúde?

Téo: Não. A gente pode viver na rua, estar infeliz e com boa saúde.

Naturel: Para mim, o sentido da vida é a família.

🅵: Bem, já me disseram que o sentido da vida é aquilo que tem importância. Será que a palavra "sentido" pode querer dizer outra coisa?

Antoine 1: Sim, por exemplo, se eu virar a porta, é outro sentido...

Camille: Uma frase tem um sentido.

🅵: Com certeza! E o que significa isso de uma frase ter um sentido?

Camille: Significa que não podemos dizer qualquer coisa. Porque, se a gente trocar as palavras de lugar, a frase deixa de ter sentido.

🅵: É indispensável que as palavras estejam no seu lugar, para que a frase faça sentido. Uma frase que tem um sentido, quer dizer que ela tem um significado. Agora, será que podemos dizer que a vida tem um significado?

Antoine 1: O significado da vida é ser gentil, generoso e não ser violento.

Mathis: Ser feliz...

🅵: Ser feliz! Vocês concordam?

Julien: Sim e não.

🅵: Por quê?

Julien: É verdade que queremos ser felizes, fazer aquilo que gostamos, mas também é preciso ser sério e pensar nos outros.

🅵: O sentido da vida, aquilo que é o principal e que lhe dá um sentido, é ser feliz, ter prazer, mas também pensar nos outros, compartilhar?

Todos: Sim!

Lou: Eu tenho uma pergunta que já fiz várias vezes ao meu pai e ele não me soube responder. É esta: Por que a gente vive?

F: [Risos] Bem, alguém tem a resposta? Por que é que a gente vive?

Nenhuma resposta.

F: Eu vou fazer essa pergunta para vocês de outra forma: no seu entender, o que é uma vida bem-sucedida? Por que diríamos a alguém que ela foi uma pessoa bem-sucedida na vida?

Antoine 2: É alguém que viveu muito tempo.

F: Quem não concorda com o Antoine?

Thomas: Eu não concordo muito com o Antoine.

F: Dê um argumento. Por que é que você não acha que viver muito tempo seja ter sucesso na vida?

Thomas: Podemos viver muito tempo, mas também ficar doente várias vezes.

Chiara: Eu também não concordo com o Antoine, porque, às vezes, por causa da tristeza ou de dificuldades, a gente pode não conseguir o êxito da nossa vida como a gente gostaria.

F: Então, o que é ser bem-sucedido na vida?

Chiara: Para mim, minha vida bem-sucedida é poder fazer todas as coisas que eu gostaria de fazer, realizar os meus projetos.

Julien: Para mim, é fazer o que tenho vontade de fazer, a profissão que eu gosto, por exemplo.

Antoine 1: Ser bem-sucedido na vida, para mim, também é ter a profissão que eu gostaria, mas também não ser violento ou mau, mas ser gentil.

Lou: Para mim, ser bem-sucedido na vida é ter dinheiro suficiente para pagar as contas e alimentar bem os meus filhos.

F: Então, Antoine, depois de ouvir tudo o que foi dito, você continua a pensar que ser bem-sucedido na vida é viver muito tempo ou você mudou de opinião?

Antoine 2: Eu mudei de opinião. Para mim, é também ser bom para as pessoas, não roubar as coisas dos outros, por exemplo.

F: Quem é que ainda não falou?

Romaissa: É viver com os meus pais e ter dinheiro para ajudar aqueles que precisam.

Naturel: É fazer as coisas que gostamos.

Luana: Para mim, ser bem-sucedido na vida é um pouco de tudo o que foi dito, mas eu diria que é, acima de tudo, ter mais felicidade do que infelicidade.

F: E vocês acham que é necessário ter muito dinheiro para se ter êxito na vida?

Todos: Não!

F: Por quê?

Camille: Tem uma expressão que diz que "o dinheiro não traz felicidade".

F: E você acha que é verdade?

Camille confirma balançando a cabeça.

F: Por quê?

Camille: Não sei.

Chiara: A gente pode talvez não ter muito dinheiro, mas a gente pode dar certo na vida, por exemplo, exercendo a profissão que a gente gosta. Na verdade, a gente não precisa de muito dinheiro para ser feliz.

Julien: Sim, mas se você ganhar muito dinheiro, por exemplo, se você se tornar um jogador de futebol, você pode dar dinheiro às pessoas que são pobres.

**Uma vida bem-sucedida,
eu penso que é quando
fizemos muitas coisas que
nos tornaram felizes.**

Mariem (8 anos)

Lou: Eu, se fosse rica, seria infeliz.

Ⓕ: Por quê?

Lou: Porque, como a Luana disse, havendo pobres que não têm dinheiro e que não podem comer, enquanto eu sou rica e posso fazer um monte de coisas, isso me deixaria infeliz.

Naturel: Eu acho que a gente pode ser pobre e ainda assim ser bem-sucedido na nossa vida e ser feliz.

Théo: Eu não gostaria de ser milionário, porque, uma vez que você já realizou todos os seus desejos, de que é que lhe serve o dinheiro?

Thomas: Eu acho que é preciso ter dinheiro, mas só o que for necessário para viver, porque não serve de nada ser muito rico. Existem pobres que não têm dinheiro, mas eles são felizes simplesmente por viver, se eles tiverem o que comer. É preciso ter dinheiro suficiente apenas para viver normalmente.

Essa segunda oficina – sobre as mesmas questões, mas em ordem inversa – foi realizada em Bruxelas, na Escola Saint-Charles, no bairro popular de Molenbeek, com crianças entre os 8 e os 11 anos, muitas das quais nascidas em famílias de imigrantes.

Frédéric: O que é uma vida bem-sucedida?

Zekeriya: Quando sentimos vontade de fazer alguma coisa e que conseguimos fazer, isso é uma vida bem-sucedida.

Mariem: Uma vida bem-sucedida, eu penso que é quando fizemos muitas coisas que nos tornaram felizes.

Amin: Uma vida bem-sucedida para mim é ser uma pessoa do bem, que não faz mal aos outros, que vai consolar as pessoas que sofrem e reconciliar aqueles que brigaram. Isso é uma vida bem-sucedida.

Hassan: Eu não concordo contigo, Amin, porque uma vida bem-sucedida não é só fazer tudo bem-feito e ajudar os outros, é ser feliz na vida.

F: Então, para você, Hassan, você concorda mais com a Mariem em dizer que uma vida bem-sucedida é ser feliz na vida. Quem concorda mais com isso ou então concorda mais com o Amin em dizer que uma vida bem-sucedida é agir bem e ajudar os outros?

Maroua: Não são coisas opostas, na verdade, porque, quando a gente consola ou reconcilia os outros, quando eles ficam felizes, a gente também fica feliz!

Adam: Para mim, uma vida bem-sucedida é ter feito tudo o que se queria fazer!

Amin: Sim, mas, se você queria fazer coisas ruins e fez, isso não está certo. Então, a sua vida não será bem-sucedida.

F: O que você acha disso, Adam?

Adam: Ele tem razão.

Hassan: Eu também concordo.

F: Tem alguém que não está de acordo com isso? Que diga: "Não importa se fazemos as coisas bem ou mal"?

[Ninguém responde]

Adam: Não, nunca se deve fazer nada de mal.

F: Mas você acha que é possível nunca fazer nada de mal?

Adam: Não.

Amin: A gente pode fazer coisas más no início e depois fazer coisas boas. O principal é que a gente avance na direção certa. E se fizermos coisas más sem querer, não é grave, mas, se for de propósito, é grave.

F: Você está dizendo uma coisa importante: o que conta é a intenção que a gente coloca naquilo que a gente faz. Se fizermos coisas más, mas não o fizermos propositalmente, é muito menos grave do que se o fizermos propositalmente.

Vozes: Sim.

Mariem: Mas talvez tenhamos feito coisas más sem saber que eram ruins. Por isso, mesmo que as tenhamos feito, não é muito grave. Mas aqueles que sabem que são coisas más e continuam a fazer, porque gostam de fazer essas coisas, isso é grave.

F: Vocês estão evocando aqui um dos fundamentos da vida moral. Vocês são verdadeiros pequenos filósofos! Vou recapitular um pouco. Vocês disseram: uma vida bem-sucedida é ter feito aquilo que gostamos, ser felizes, poder fazer os outros felizes ou ajudá-los. Tem mais alguma coisa?
Maroua: Uma vida bem-sucedida é, por exemplo, quando sonharmos em ir a algum lugar e pedimos à nossa mãe e ela diz sim e isso acontece.
F: Uma vida bem-sucedida é termos podido realizar os nossos sonhos?
Salma: Sim.
Adam: Eu não concordo mais comigo quando eu disse que ser bem-sucedido na vida era fazer tudo o que tínhamos vontade de fazer, porque, se a gente fez tudo na vida, vamos ficar entediados depois.
Amin: Senhor Frédéric, eu tenho uma vida bem-sucedida: eu tenho um papai e uma mamãe!
Mariem: Porque uma família está sempre pronta para ajudar você, mesmo quando a gente não está lá sempre para ela, ela está sempre pronta para ajudar a gente.
Amin: Graças à nossa família, temos amor.
F: Vocês diriam que ter uma vida bem-sucedida é ter conhecido o amor?
Muitas vozes: Sim.
F: Para alguém aqui o amor não é necessário?
Hassan: Às vezes não, às vezes sim.
F: O que você quer dizer?
Hassan: Às vezes, tem famílias que amam os seus filhos; às vezes tem famílias que não amam os seus filhos. Há mães que não querem ficar com os seus filhos.
F: O que você quer dizer é que a família não traz necessariamente o amor?
[Hassan concorda com um aceno de cabeça]
F: Mas você concorda em dizer que o essencial é o amor?
Hassan: Sim.

Uma vida bem-sucedida para mim é ser uma pessoa do bem, que não faz mal aos outros, que vai consolar as pessoas que sofrem e reconciliar aqueles que brigaram. Isso é uma vida bem-sucedida.

Amin (9 anos)

Mariem: Se a gente tem amor, é bom; mas, quando a gente não tem amor... bem, não é grave, porque talvez a gente ainda possa ser adotado... e vai ter o amor talvez com os pais que nos adotaram.

Amin: Mas, quando a gente é adotado, tem pais que não gostam da gente. Então, vamos fazer as coisas bem-feitas, eles vão começar a gostar do que a gente faz e depois a gente vai ter o amor graças a isso.

F: Que outra experiência, além dessa do amor, devemos ter para sermos bem sucedidos na vida?

Maroua: Ter amigos. Se a gente não tem amigos, a gente se sente só, então ficamos tristes. E se a gente tem um amigo, a gente fica feliz.

F: Outra pergunta um pouco diferente: Para vocês, a vida tem um sentido?

Mariem: Eu acho que ela tem um sentido, mas eu não sei explicar muito bem.

Amin: Tem um sentido, senão por que é que estaríamos aqui?

[Risos]

Rayan: Se a vida não tivesse sentido, não viveríamos.

Ayoub: Para mim, a vida tem um sentido, porque, às vezes, não recebemos uma coisa que gostaríamos, mas depois alcançamos outra coisa que é melhor. Na vida, temos sempre uma segunda chance.

Adam: Eu não sei se ela tem um sentido para todo mundo, porque, quando se é muito pobre, a nossa vida não tem sentido, não podemos fazer nada, estamos apenas na rua.

Maroua: É verdade, a vida, por vezes, ela tem um sentido e, às vezes, ela não tem. Quando a gente está triste, a vida não tem sentido.

Amin: A vida tem um sentido porque temos amigos, uma família, primos, pessoas com quem compartilhar. Senão, ela não tem sentido. A vida tem sentido quando somos felizes.

F: Quem acha que a vida tem uma direção?
Ayoub: Sim.
F: Por que sim, Ayoub?
Ayoub: Nós podemos escolher o que queremos fazer.
Amin: É verdade! O sentido é o que a gente quer fazer. Eu, por exemplo, quando crescer, quero tentar fazer com que não haja guerras no mundo.
Mariem: É verdade que somos livres para fazer coisas, podemos fazer tudo o que queremos na vida e ninguém pode nos impedir... a não ser os nossos pais, quando somos pequenos.
Amin: Eu não estou de acordo. A liberdade não é fazer tudo o que a gente quer, porque, às vezes, vamos fazer coisas más.
F: O limite que você colocaria à sua liberdade é o respeito ao próximo?
Amin: Sim.
Adam: Não, não é assim tão importante ter amigos.
F: Por quê?
Adam: Porque temos irmãos e irmãs, são como os amigos, mas os amamos mais.
F: O que vocês pensam sobre isso? Quem é que falou pouco?
Omer: É importante ter amigos, porque, quando crescermos, a gente vai morar sozinho e a gente vai se entediar.
Ayoub: Eu concordo um pouco com o Adam, porque depois, como os nossos irmãos terão ido embora, vamos nos casar e teremos filhos também. Por isso, o mais importante é a família.
F: Todos vocês pensam que, para ser bem-sucedido na vida, é preciso constituir uma família?
Amin: Não necessariamente, porque, como disse a Professora Stéphanie, somos nós que decidimos se queremos nos casar ou não.

Maroua: Eu acho que a gente pode ter uma vida bem-sucedida mesmo não tendo se casado, porque sempre temos uma família, temos irmãos e irmãs, sobrinhos e sobrinhas... A gente nunca ficará sozinho.

F: Vocês falaram muito sobre o amor e a família, mas acham que, para ser bem-sucedido na vida, é preciso ganhar muito dinheiro?

Todos: Não!

F: Nenhum de vocês acha que o dinheiro conta para se ter uma vida bem-sucedida?

Hassan: Sim, para comprar comida, pagar as suas contas, oferecer presentes aos nossos amigos e agradar aos nossos filhos. Mas não é preciso muito.

Ayoub: Se tivermos muito dinheiro, podemos dar aos pobres.

Maroua: Se eu tivesse muito dinheiro, dava metade aos pobres.

Amin: Há muito mais pessoas felizes nos países pobres e menos pessoas felizes nos países ricos.

F: Por quê?

Amin: Se a gente tem dinheiro demais, a gente vai comprar muitas coisas e isso vai nos dar prazer demais, mas depois vamos acabar cansando e ficaremos tristes... Mas os pobres, como eles esperam muito, quando eles conseguem o que eles querem ficam realmente felizes.

Salma: Não é bom ter nem muito nem pouco dinheiro.

Maroua: É melhor estar na média...

Ayoub: Eu não concordo com a Salma, porque, se ganharmos muito dinheiro, poderemos dar ainda mais aos pobres e assim eles serão salvos.

F: Você acha que as pessoas que ganham muito dinheiro dão a maior parte do seu dinheiro aos pobres?

Ayoub: Não, porque elas se preocupam sobretudo com elas próprias.

VINTE GRANDES NOÇÕES EM FICHAS

O amor

Toda a nossa felicidade e toda a nossa miséria residem num único ponto: a que tipo de objeto aderimos por amor?
Baruch de Espinosa, Ética

Problemática

O que significa dizer "eu te amo"? Quais são as diferenças entre amar os seus pais, os seus amigos, o seu ou a sua namorada? Eu posso amar todo mundo? O amor exige uma escolha? Amar é uma emoção, um sentimento, uma ideia, uma ação?

Não é

O ódio: sentimento que muitas vezes nasce do amor que nos recusam, ou na sequência da morte, ou, ainda, de uma decepção com um amor.

Exemplo: posso odiar um amigo que me traiu.

É composto por

Eros: desejo carnal: amo aquilo que me falta, dependo disso, é o amor-paixão.

Exemplo: segundo Platão, os apaixonados são duas metades de um mesmo ser, que teria sido separado por Zeus e que o amor torna a reunir.

Philia: amizade: inclinação recíproca entre dois seres que amam o que são; é o amor-alegria, um amor-seleção.

Exemplo: segundo Aristóteles, a amizade verdadeira é um amor virtuoso, que faz do amigo um espelho que nos permite nos ver tal como somos e acessar a felicidade.

Ágape: amor ao próximo. Eu amo o humano em geral, é o amor-caridade, um amor universal.

Exemplo: segundo Jesus, o amor ao próximo não faz qualquer distinção entre seu amigo e seu inimigo; não escolhemos a quem amamos e amamos o próximo como a nós mesmos.

Etimologia
Vem do latim *amor*, que significa afeição ou desejo intenso.

Definição dominante
O amor é um sentimento profundo, uma ligação intensa que tem diversas facetas, entre as quais a afeição, a ternura e a atração física.

Citações/Reflexões

> "Aquilo que não possuímos, aquilo que não somos, aquilo que nos falta, eis os objetos do desejo e do amor."
> **Platão**, *O Banquete*.

Se o amor é falta, poderá ele satisfazer as nossas expectativas? Podemos possuir o ser amado como a um objeto? Se o amor é dependência, poderá ele nos fazer felizes?

> "Amar é regozijar-se."
> **Aristóteles**, *Ética a Nicômaco*.

Em que amar nos faz bem? Amar a si mesmo é ser egoísta? O outro pode me amar se eu não amar a mim mesmo? Nós podemos amar, se não fomos amados?

> "O amor é um sim incondicional que é plena abertura, compromisso em deixar ser aquele que amamos, ser aquilo que ele é, apostando naquilo que ele tem de melhor dentro dele."
> **Fabrice Midal**, *O amor à vista*.

Querer mudar o outro é amá-lo? Podemos aceitar tudo das pessoas que amamos? O amor existe sem prova de amor?

Referências
LIVROS: *O Banquete*, Platão • *Ética a Nicômaco*, Aristóteles • *Romeu e Julieta*, William Shakespeare (1597) • *A insustentável leveza do ser*, Milan Kundera (1986) • *Sobre o amor e a solidão*, Jiddu Krishnamurti (2010) • **FILMES:** *Jules e Jim*, François Truffaut (1962) • *O brilho eterno de uma mente sem lembranças*, Michel Gondry (2004) • *O segredo de Brokeback Mountain*, Ang Lee (2005) • *Amor*, Michael Haneke (2012) • **QUADRINHOS:** *Um bairro distante*, Jiro Taniguchi (2006).

A arte

Todas as artes são como espelhos, onde o homem conhece e reconhece algo de si próprio que ele ignorava.
Alain, Vinte lições sobre as belas-artes

Problemática

O que é uma obra de arte? A arte tem uma finalidade? A arte não tem uma função apenas decorativa? O que é um artista? O artista se diferencia em que de um artesão?

Não é

A natureza: o conjunto dos seres e das coisas, o mundo físico que constitui o universo. O que não é transformado pelo homem fora do mundo humanizado.

Exemplo: Uma árvore numa floresta selvagem não é modificada pelo ser humano; ao contrário, um quadro no qual está representada uma árvore exprime o olhar subjetivo do artista sobre a arte.

A ciência: um saber que verificamos por meio de fatos, por meio da experimentação que nos fornece provas tangíveis e que confere objetividade aos resultados.

Exemplo: A física estuda a natureza; a sociologia explica os comportamentos humanos.

É diferente

Do artesanato: técnica que aplica métodos de fabricação, regras visando a um fim preciso. Obtido por meio de um trabalho manual, o objeto produzido tem uma função útil para um uso definido e rentável.

Exemplo: o artesão confeiteiro faz bolos para nos alimentar, para nos dar prazer e para ganhar a sua vida.

Etimologia
O latim *ars* designa uma habilidade adquirida, que encontramos no artista e no artesão.

Definição dominante
A arte é uma atividade humana que combina inspiração, habilidade, técnica, transformação de matérias... para criar obras.

Citações/Reflexões

> *"A arte nao quer a representação de uma coisa bela, mas a bela representação de uma coisa".*
> **Immanuel Kant, Crítica da faculdade de julgar.**

A arte deve ser bela? Deve ser útil? A que pode servir?

> *"A arte não reproduz o visível, ela torna visível o invisível".*
> **Paul Klee, Credo criativo.**

A arte deve imitar a natureza? A arte nos faz apreciar a beleza do mundo? A arte nos ajuda a compreender melhor o mundo? A arte nos torna melhores?

> *"A arte é o lugar da liberdade perfeita".*
> **André Suarès.**

A arte consiste em copiar ou em inventar? O artista está limitado ou é livre para criar tudo? Tudo pode se tornar arte?

Referências
LIVROS: *Crítica da faculdade de julgar*, Immanuel Kant (1790) • *Lições sobre a estética*, Friedrich Hegel (1818) • *O Mundo como vontade e representação*, Arthur Schopenhauer (1819) • *Cartas a Théo*, Vincent Van Gogh (1986) • *Jonas, ou o artista no trabalho*, Albert Camus (1957) • **FILMES:** *Amadeus*, Milos Forman (1984) • *O quadro*, Jean-François Laguionie (2011) • *O Sal da Terra*, Juliano Ribeiro Salgado e Wim Wenders (2014) • **SÉRIES:** *Os demônios de Da Vinci*, David Goyer (2013) • **QUADRINHOS:** *Léonard – Gênio a tempo inteiro*, Turk e De Groot (1981).

A beleza

A beleza, aí está um verdadeiro mistério, bem mais interessante do que o da alma.
Christian Bobin, Le Très-Bas

Problemática
O que é a beleza? A beleza é importante? Podemos estar universalmente de acordo quanto ao que é belo? Gostos e cores se discutem?

Não é
A feiura: o que é repulsivo, desagradável, repugnante, inestético.

É diferente
Do útil: aquilo que pode servir, que é eficaz, funcional.
Exemplo: um relógio, que utilizamos para saber as horas.
Do agradável: o que é atraente, aprazível, que dá certo contentamento.
Exemplo: Beber um suco de laranja fresco é agradável.

Etimologia
Vem do latim *bellus*, o que é amável, charmoso, bonito, delicado.

Definição dominante
A beleza é aquilo que agrada, que proporciona um prazer admirativo, que nos faz experimentar uma emoção estética, uma satisfação intelectual a partir de uma representação sensível; suscita um juízo que esperamos poder partilhar com os outros.

Citações/Reflexões

> "O belo, como a verdade, é uma coisa relativa ao tempo em que se vive e ao indivíduo apto a concebê-lo".
> **Gustave Courbet.**

Podemos determinar critérios objetivos para definir o que é belo? A beleza não depende do nosso ponto de vista subjetivo? Da nossa história? Da nossa cultura?

> "A beleza está nos olhos de quem a vê".
> **Oscar Wilde.**

É o olhar do outro que nos torna belos? A beleza do outro é um prazer ou um sofrimento? A beleza é uma dádiva da natureza ou uma questão de vontade?

> "A simplicidade autêntica alia a bondade à beleza".
> **Platão, A República.**

A beleza tem um sentido? Uma pessoa bela é necessariamente boa? A beleza do mundo, de uma paisagem, de um quadro, é importante?

Referências

LIVROS: *O retrato de Dorian Gray*, Oscar Wilde (1890) • *Ladrões de beleza*, Pascal Bruckner (1999) • *Cinco meditações sobre a beleza*, François Cheng (2013) • **FILMES:** *Beleza americana*, Sam Mendes (1999) • *A Bela e a Fera*, Gary Trousdale e Kirk Wise (1991) • **QUADRINHOS:** *O combate cotidiano*, Manu Larcenet (2003-2008).

O corpo e o espírito

A alma e o corpo, o corpo e a alma – que mistério tinham! [...] Quem pode dizer onde termina o impulso carnal, onde começa o impulso espiritual? [...] A separação do espírito e da matéria constituía um mistério, e a união do espírito com a matéria era um mistério também.
Oscar Wilde, O retrato de Dorian Gray

Problemática
O que é o corpo? O que é a alma ou o espírito? O que produz o corpo? O que produz o espírito? O corpo e o espírito são coisas diferentes?

Não é
O mineral: são sólidos naturais, não é orgânico.
Exemplo: Uma rocha é um corpo inanimado.

É diferente
Da consciência: faculdade de conhecermos os nossos sentimentos, emoções, pensamentos e ações. Existem duas formas – a consciência espontânea, dirigida para o mundo exterior, e a consciência reflexiva, a capacidade de nos analisarmos a nós mesmos.

Exemplo: Termos a consciência pesada quando consideramos que praticamos uma má ação e nos censuramos por isso.

Etimologia
"Corpo" vem de *corpus*, isto é, um elemento físico, vivo ou não; "espírito" vem do latim *spiritus*, que significa "sopro".

Definição dominante

O corpo é uma matéria existente, uma substância animada feita de carne e de órgãos; é palpável, evolutivo e efêmero. O espírito é impalpável, está ligado ao pensamento, à reflexão. O corpo é físico, enquanto o espírito é metafísico, ou seja, está para além do físico.

Citações/Reflexões

> *"Os males do corpo são as palavras da alma. Não devemos, por isso, curar o corpo sem procurar curar a alma".*
> **Platão.**

Posso estar bem na minha mente se não estiver bem no meu corpo? Posso estar bem no meu corpo se não estiver bem na minha mente? O que quer dizer a expressão "o corpo fala"?

> *"O corpo não pode sobreviver sem o espírito, mas o espírito não tem nenhuma necessidade do corpo".*
> **Erasmo de Roterdã.**

O corpo existe, mas será que o espírito existe? Pode o corpo existir sem o espírito? O ser humano é o único ser vivo a ter um espírito? O espírito é um princípio vital individual ou universal?

> *"Não somos apenas corpo, nem apenas espírito; somos corpo e espírito juntos".*
> **George Sand**, *História da minha vida*.

O corpo e o espírito são separados ou ligados? O espírito é o piloto do navio-corpo? O corpo influencia o espírito? Podemos sabê-lo?

Referências

LIVROS: *Fédon*, Platão • *Da Alma (De Anima)*, Aristóteles • *Meditações metafísicas*, René Descartes (1641) • *Ética*, Baruch de Espinosa (1677) • *Charge d'âme*, Romain Gary (1977) • **FILMES:** *Star Wars*, Georges Lucas (1977) • *Mar adentro*, Alejandro Amenábar (2004) • *Laurence para sempre*, Xavier Dolan (2012) • *Ela*, Spike Jonze (2013) • *O universo no olhar*, Mike Cahill (2014) • **QUADRINHOS:** *Naruto*, Masashi Kishimoto (2002-2016).

O desejo

Infelicidade daquele que não tem mais nada a desejar.
Jean-Jacques Rousseau, Júlia ou a nova Heloísa

Problemática
O que significa desejar? Desejar nos torna felizes? Somos livres para desejar? Podemos escolher os nossos desejos? Eles podem mudar? Podemos não desejar?

Não é
O prazer: a satisfação imediata, o contentamento rápido.
Exemplo: No calor do verão, sinto prazer em tomar um sorvete.

É diferente
Da necessidade: o que é necessário para a sobrevivência. Não podemos fazer outra coisa a não ser responder a isso, sendo assim é um determinismo do corpo.
Exemplo: Temos necessidade de beber ou dormir para nos mantermos vivos.

Da vontade: expressão de uma força constante, de firmeza nas suas escolhas e de perseverança nas ações, a fim de obter um resultado a longo prazo – apesar da insatisfação a curto prazo.
Exemplo: Para passar nas provas, eu escolho estudar a matéria, em vez de sair com os meus amigos.

Etimologia
Do latim *desiderare*, formado pelo prefixo *de*, que significa "ausência"; mais *siderare* de *sidus*, que significa "estrela". É literalmente a nostalgia, a falta do astro perdido. É procurar a realização ou a posse de um objeto a que aspiramos.

Definição dominante

O desejo é uma tensão consciente que visa a uma satisfação, a qual poderá ser obtida por meio de um objeto que supomos ou sabemos ser a fonte desse contentamento. Os desejos são diferentes em função dos indivíduos.

Citações/Reflexões

> *"Aquilo que não possuímos, aquilo que não somos, aquilo que nos falta, tais são os objetos do desejo e do amor".*
> **Platão, O Banquete.**

Quando eu desejo, o que sinto é uma carência ou um excesso? Poderei satisfazer a todos os meus desejos? Poderei me tornar escravo do meu desejo? Podemos continuar a desejar o que já possuímos?

> *"A vida oscila, como um pêndulo, da direita para a esquerda, do sofrimento ao tédio".*
> **Arthur Schopenhauer, O mundo como vontade e representação.**

Seguir os nossos desejos nos fará felizes? A resposta ao desejo é satisfatória? Devo moderar os meus desejos? Como posso dominar os meus desejos?

> *"Não sentimos apetite nem desejo por uma coisa por julgarmos que uma coisa é boa; pelo contrário, nós julgamos uma coisa boa porque nós a desejamos".*
> **Baruch de Espinosa, Ética.**

Tenho verdadeiramente consciência dos meus desejos? Nós somos livres ou dependentes dos nossos desejos? Os meus desejos não estão ligados aos do outro? O desejo me permite ser eu mesmo?

Referências

LIVROS: *O Banquete*, Platão • *Ética*, Baruch de Espinosa (1677) • *Dom Juan*, Molière (1682) • *Os frutos da terra*, André Gide (1897) • **FILMES:** *Toy Story*, John Lasseter (1995) • *A fantástica fábrica de chocolate*, Tim Burton (2005) • *De olhos bem fechados*, Stanley Kubrick (1998) • *Sob a pele*, de Jonathan Glazer (2013) • **SÉRIES:** *Os Tudors*, de Michael Hirst (2007-2010) • **QUADRINHOS:** *Le Marathon de Safia*, Didier Quella-Guyot e Sébastien Verdier (2008).

O dever

O dever é uma série de aceitações.
Victor Hugo, Os trabalhadores do mar

Problemática
O que devo fazer? Qual é o meu dever como ser humano? O animal tem deveres? Em que medida assumirmos os nossos deveres nos torna livres?

Não é
A necessidade: o que é vital, indispensável, essencial, uma necessidade à qual somos forçados a responder.

Exemplo: Dormir é necessário para a sobrevivência, quer desejemos dormir ou não.

É diferente
Da restrição: é aquilo que nos é imposto do exterior, uma injunção, uma lei à qual obedecemos mesmo que não queiramos fazê-lo. A restrição pode recorrer à força, à coerção, para se impor.

Exemplo: quando dirigimos um carro, somos forçados a parar no sinal vermelho, mesmo que não haja pedestres para atravessar e mesmo que estejamos com pressa, pois é o que dita a lei, e, se não a respeitarmos, nos arriscamos a ser punidos.

Da obrigação: um compromisso que assumimos conosco. É o que prescrevemos para nós mesmos. Trata-se de uma decisão tomada livremente e que cumprimos por vontade própria.

Exemplo: Embora eu esteja cansado, quero ir à minha aula de piano.

Etimologia
Do latim *debere*, estar em dívida.

Definição dominante

O dever é aquilo que me é imposto como limite ou como ação. É esperado que o respeite por razões de ordem moral, social, religiosa, legal, profissional, pessoal.

Citações/Reflexões

> *"Eis o que resume o dever: não faças aos outros o que não queres que te façam a ti".*
> **Mahabharata.**

Obedecer ao dever é necessário? Por que não posso fazer o que eu quiser com os outros? É meu dever proteger o outro?

> *"O dever: amar o que prescrevemos para nós mesmos".*
> **Johann Wolfgang von Goethe**, *Sentences en prose.*

O que significa quando dizemos "cumpri com o meu dever"? Posso gostar do que devo fazer? Gostar do que prescrevemos a nós mesmos é uma imposição ou uma obrigação?

> *"A obediência ao dever é uma resistência a si mesmo".*
> **Henri Bergson, As duas fontes da moral e da religião.**

Obedecer ao dever não é obedecer a si mesmo? Cumprir o seu dever é um sacrifício? Obedecer a um dever é perigoso? Devemos fixar limites ao dever?

Referências

LIVROS: *Metafísica dos costumes*, Immanuel Kant (1796) • *As duas fontes da moral e da religião*, Henri Bergson (1932) • *Eichmann em Jerusalém*, Hannah Arendt (1999) • **FILMES:** *Batman: o cavaleiro das trevas*, Christopher Nolan (2008) • *FormiguinhaZ*, Eric Darnell e Tim Johnson (1998) • **SÉRIES:** *24 horas*, Joel Surnow e Robert Cochran (2001-2010) • **QUADRINHOS:** *Calvin e Haroldo*, Bill Watterson (2010).

O dinheiro

O dinheiro é um bom criado, mas um mau amo.
Francis Bacon

Problemática
O que é o dinheiro? Para que ele serve? Ele é um meio ou é um fim? Deve ser gasto ou acumulado? O dinheiro tem valor? De que forma o dinheiro é uma convenção?

Não é
A gratuitidade: caráter daquilo que não custa nada, que é proposto sem contrapartida.

Exemplo: O ensino público é gratuito, não se paga para frequentar a escola.

É diferente
Da permuta: troca direta de objeto por objeto, de serviço por serviço, que se considera de valor equivalente, sem utilizar a moeda.

Exemplo: *"Trocamos coisas úteis por outras, [...] damos e recebemos vinho em troca de trigo".* **Aristóteles,** *Política.*

Da doação: ação de oferecer algo que se possui; a doação pode ser feita de maneira desinteressada, mas quem a faz pode esperar uma retribuição, pois esse processo permite tecer laços entre indivíduos.

Exemplo: Dar um presente é uma doação generosa, mas quando sorrimos não esperamos um sorriso em troca?

Etimologia
Do latim vulgar *denariu*, corruptela de denarius, moeda romana equivalente a dez asses, a unidade monetária da época. Era representada pelo símbolo X.

Definição dominante

O dinheiro é um meio geral, uma medida-padrão que facilita as trocas de bens e serviços. Permite o comércio, fixando um preço, um valor para um determinado bem, ou para saberes ou competências que são pagos em moeda.

Citações/Reflexões

"Sou feio, mas posso comprar a mulher mais bela. Assim, não sou feio, pois o efeito da feiura, a sua força repulsiva é anulada pelo dinheiro".
Karl Marx, Manuscritos econômico filosóficos.

O dinheiro é todo-poderoso? O dinheiro nos torna poderosos? Tudo pode ser comprado? Tempo é dinheiro? De que modo o dinheiro pode perverter as relações humanas?

"Apesar do que afirmam os ricos, o dinheiro basta para fazer a felicidade dos pobres; apesar do que imaginam os pobres, o dinheiro não basta para dar felicidade aos ricos".
Jean d'Ormesson, C'était bien.

O dinheiro traz felicidade? Promove o egoísmo? É um objeto de infelicidade?

"Quem ama o dinheiro nunca ficará saciado de dinheiro".
Eclesiastes.

Gostar do dinheiro é um problema? Podemos nos tornar escravos dele? Qualquer quantia em dinheiro é boa de obter? Querer acumular dinheiro pode nos tornar desonestos? O que significa a expressão: "O dinheiro não tem cheiro"? O que chamamos de "dinheiro sujo"?

Referências

LIVROS: *O avarento*, Molière (1668) • *Um conto de Natal*, Charles Dickens (1843) • *A filosofia do dinheiro*, Georg Simmel (1900) • *Ensaio sobre a dádiva*, Marcel Mauss (1924) • **FILMES:** *O lobo de Wall Street*, Martin Scorsese (2013) • *Os fantasmas de Scrooge*, Robert Zemeckis (2009) • **SÉRIES:** *Os Simpsons* (o personagem do Sr. Burns) • **QUADRINHOS:** *Le Casse*, Blengino; Sarchione e Pieri (2010).

A emoção

Não esqueçamos que as pequenas emoções são os grandes capitães das nossas vidas e que a essas obedecemos sem o saber.
Vincent van Gogh, Cartas a Théo

Problemática
O que é uma emoção? Quais são as emoções humanas? O que as emoções revelam de nós? Elas são sinais? Podemos falar de emoções positivas ou negativas? Qual é a diferença entre emoção e sentimento? Podemos dominar as nossas emoções?

Não é
A razão: faculdade de avaliar, de conhecer, de julgar o real de modo adequado, de decidirmos o nosso comportamento.

Exemplo: O uso da razão nos permite ser razoáveis, isto é, agir de acordo com a justa medida e também raciocinar, ou seja, ter uma reflexão lógica baseada num raciocínio.

É diferente
De um sentimento: expressão afetiva de uma emoção contínua que experimentamos por um indivíduo ou um objeto exterior.

Exemplo: a amizade é uma afeição duradoura e não uma emoção ativa passageira.

Etimologia
Do latim *movere*, que significa colocar em movimento.

Definição dominante

A emoção é uma perturbação intensa da consciência, frequentemente passageira, desencadeada por um acontecimento inesperado. A emoção é um jorro de medo, alegria, tristeza, raiva, vergonha, e provoca reações físicas como um nó na garganta, palpitações, rubor, desmaio. A emoção pode se transformar e perdurar, tornando-se sentimento ou paixão.

Citações/Reflexões

> "A emoção é o sentimento de um prazer ou de um desprazer atual que não permite ao sujeito refletir. Na emoção, o espírito surpreso pela impressão perde o domínio sobre si próprio".
> **Immanuel Kant, *Antropologia de um ponto de vista pragmático*.**

Em que medida a emoção é um choque? Por que é que a emoção nos domina? Podemos não sentir emoções? Como gerir as nossas emoções?

> "As palavras faltam às comoções".
> **Victor Hugo, *O último dia de um condenado*.**

O que significa ficar "sem palavras"? Temos necessidade de dizer tudo? As palavras exprimem adequadamente as emoções?

> "Uma paixão deve ser acompanhada de algum juízo falso para ser contrária à razão; e mesmo assim não é propriamente a paixão que é contrária à razão, mas o juízo".
> **David Hume, *Tratado da natureza humana*.**

Em que medida a emoção é a expressão do eu? Podemos julgar as nossas emoções?

Referências

LIVROS: *As paixões da alma*, René Descartes (1649) • *A confissão de um filho do século*, Alfred de Musset (1836) • *O estrangeiro*, Albert Camus (1942) • *Esboço para uma teoria das emoções*, Jean-Paul Sartre (2006) • *La force des émotions*, François Lelord e Christophe André (2001) • **FILMES:** *Um bonde chamado desejo*, Elia Kazan (1951) • *Um estranho no ninho*, Milos Forman (1975) • *Divertida Mente*, Pete Docter e Ronnie del Carmen (2015) • **QUADRINHOS:** *Un ciel radieux* [Um céu radiante], Jirô Taniguchi (2006).

A felicidade

> Viver feliz é o que todo mundo quer, mas quando se trata de dizer
> em que isso consiste, ninguém vê com clareza.
> Sêneca

Problemática
O que é ser feliz? A felicidade depende de cada um? A felicidade é acessível? A felicidade vem dos nossos genes e da nossa sensibilidade? De acontecimentos externos? Do modo como nos vemos a nós próprios e ao mundo? Das nossas escolhas?

Não é
A infelicidade: estado de insatisfação profunda e dolorosa.

Exemplo: A criança que acaba de perder os seus pais num acidente está infeliz.

É diferente
Do prazer: estado de satisfação sensorial e efêmero obtido quando respondemos a uma necessidade, a um desejo, a uma falta, a um excesso.

Exemplo: Que prazer em beber um copo de água depois de ter corrido no sol! Estava com sede (necessidade a satisfazer), bebi (satisfação da necessidade).

Da alegria: sensação de regozijo, emoção de contentamento de duração limitada, que exprime uma satisfação intensa motivada por circunstâncias favoráveis, por acontecimentos agradáveis.

Exemplo: Sinto alegria ao passar num exame.

Etimologia
Do latim *felicitas*, de *felix*, "feliz".

Definição dominante
A felicidade é um estado global e duradouro de satisfação.

Citações/Reflexões

> "Reconheci a felicidade pelo ruído que ela fez ao partir".
> **Jacques Prévert, *Palavras*.**

Sentimos a felicidade? Preciso da experiência da infelicidade para sentir a presença da felicidade? A felicidade não é sempre nostálgica? O que esperamos para ser felizes?

> "Por isso dizemos que o prazer é o princípio e o fim de uma vida feliz".
> **Epicuro, *Carta sobre a felicidade (a Meneceu)*.**

O prazer é o suficiente para a nossa felicidade? É possível ser feliz sem experimentar o prazer? A felicidade está numa vida cheia de prazeres? Para ser feliz é necessário ser razoável?

> "Uma andorinha não faz primavera, nem um dia tampouco; e da mesma forma um só dia, ou um curto espaço de tempo, não faz um homem feliz e venturoso".
> **Aristóteles, *Ética a Nicômaco*.**

Quando podemos dizer: "Eu sou feliz"? Será preciso querer sempre mais felicidade? Podemos ser felizes em todas as circunstâncias? Podemos ser felizes sozinhos?

Referências
LIVROS: *Ética a Nicômaco*, Aristóteles • *Carta sobre a felicidade (a Meneceu)*, Epicuro • *Propos sur le bonheur* [Sobre a felicidade], Alain (1925) • *Sobre a felicidade: uma viagem filosófica*, Frédéric Lenoir (2016) • **FILMES:** *O fabuloso destino de Amélie Poulain*, Jean-Pierre Jeunet (2001) • *Mogli, O menino lobo*, Wolfgang Reitherman (1967) • **QUADRINHOS:** *Zia Flora*, Fred Paronuzzi e Vincent Djinda (2014).

A liberdade

A obediência à lei que se prescreveu a si mesmo é liberdade.
Jean-Jacques Rousseau, Do contrato social

Problemática
Posso ser completamente livre? Ser livre é fazer tudo o que desejo? A liberdade é uma ausência total de constrangimentos?

Não é

A servidão: estado de um ser que é privado da sua autonomia, que está sujeito a um poder, a uma autoridade superior que o domina.

Exemplo: o escravo é um indivíduo que não é livre para escolher, ele está sob o jugo de um senhor que o utiliza como um objeto.

É diferente

Da permissividade: excesso de liberdade. Pensamos que tudo é permitido ou possível por uma ilusória inexistência de obrigação, sem que nenhum obstáculo, interior ou exterior, nos limite.

Exemplo. A criança que quer brincar e faz birra para não ir para a cama.

Do determinismo: ausência de liberdade. Concepção segundo a qual todo o pensamento ou ação resulta de uma causa que nos leva necessariamente a agir de certa forma.

Exemplo: Espinosa dá o exemplo da pedra que rola na sequência de um movimento exterior que desencadeou o seu movimento.

Etimologia
Do latim *liber*, aquele que não é escravo.

Definição dominante

A liberdade consiste em não ser nem prisioneiro nem escravo, em poder usufruir de uma liberdade de movimento, de expressão, de pensar sem ser constrangido, mas respeitando a liberdade do outro; é poder ser autônomo, isto é, ser capaz de impor regras de conduta a si próprio.

Citações/Reflexões

> "Mesmo aqueles que têm as almas mais fracas poderiam adquirir um domínio absoluto sobre todas as paixões".
> **René Descartes, As paixões da alma.**

Somos sempre livres em dizer o que pensamos? A liberdade é uma obediência à razão? Obedecer às leis é contrário à liberdade? Escolher é renunciar?

> "Os homens se julgam livres apenas porque são conscientes de suas ações, mas desconhecem as causas pelas quais são determinados".
> **Baruch de Espinosa.**

Sou livre para ter medo ou sede? O ignorante é livre? Podemos nos libertar daquilo que nos condiciona? Tomar consciência daquilo que nos condiciona nos liberta?

> "O homem está condenado a ser livre".
> **Jean-Paul Sartre, O existencialismo é um humanismo.**

Por que razão é difícil ser livre? Somos obrigados a escolher? A liberdade pode existir sem a responsabilidade? Será impormos limites a nós mesmos? Aprendemos a ser livres?

Referências

LIVROS: *Górgias*, Platão • *As paixões da alma*, René Descartes (1649) • *Calígula seguido de O equívoco*, Albert Camus • *O existencialismo é um humanismo*, Jean-Paul Sartre (1946) • **FILMES:** *Gattaca*, Andrew Niccol (1997) • *Minority report*, Steven Spielberg (2002) • *Madagascar*, Eric Darnell e Tom McGrath (2005) • *A caixa*, Richard Kelly (2009) • *Poder sem limites*, Josh Trank (2012) • **SÉRIES:** *Rectify*, Ray McKinnon (2014-2016) • **QUADRINHOS:** *Sharaz-De – Contos de As mil e uma noites*, Sergio Toppi (2013).

A moral

> *Consciência! Consciência! [...] juiz infalível do bem e do mal. [...] Mas não basta que este guia exista, é preciso saber reconhecê-lo e segui-lo.*
> Jean-Jacques Rousseau, A profissão de fé do vigário Saboiano

Problemática
O que devo fazer? Como iluminar e guiar os meus atos? Fazemos o bem por temor à lei? Por prudência? Não é verdade que não devo fazer com os outros o que não gostaria que fizessem comigo?

Não é
A amoralidade: ausência de moral. Uma atitude amoral leva a agir independentemente de valores de bem e/ou de mal.

Exemplo: Quando um gato mata um pássaro não podemos dizer que isso é errado, pois o seu gesto é amoral, produzido por instinto e sem consciência das consequências para o pássaro.

A imoralidade: conduta que não respeita a moral vigente, é contra o bem; o que é errado.

Exemplo: consideramos que mentir é um ato imoral.

É diferente
Da ética: o termo "ética" é empregado hoje em dia para evocar uma sabedoria prática, permitindo fazermos escolhas concretas adaptadas à complexidade da realidade.

Exemplo: Mentir é errado; ainda assim, mentir a um criminoso para proteger a sua futura vítima não é errado.

Etimologia
Do latim *mores*, que significa "usos e costumes".

Definição dominante
A moral é um conjunto de normas próprias a um grupo ou sociedade. Gera uma representação teórica do bem e do mal, fixando as condutas a seguir ou a rejeitar por meio de um juízo de valor.

Citações/Reflexões

> "Nós teríamos muitas vezes vergonha das nossas mais belas ações se o mundo visse todos os motivos que as produzem".
> **François de La Rochefoucauld.**

Por que praticamos o bem? Fazer o bem é uma obrigação? A minha boa ação é desinteressada? A moral é religiosa?

> "Uma única e mesma coisa pode de fato ser ao mesmo tempo boa ou má, ou até indiferente. A música, por exemplo, é boa para um melancólico que se lamenta dos seus males; para um surdo, ela não é nem boa nem má".
> **Baruch de Espinosa, *Ética*.**

De onde vem a moral? Podemos saber o que é absolutamente bom e absolutamente mau? Pensar bem basta para ser moral? A moral pode dispensar exemplos? Qual a finalidade de dar lições de moral aos outros?

> "Desfruta e faz desfrutar, sem te prejudicares nem a ti nem a ninguém, a isso se resume, creio, toda a moral".
> **Nicolas de Chamfort, *Máximas e pensamentos*.**

O que me dá prazer é sempre algo bom? Posso ter alegria sozinho? Tenho consciência do mal que posso fazer? Sou mau voluntariamente? A finalidade da moral não é a felicidade?

Referências

LIVROS: *Ética a Nicômaco*, Aristóteles • *A genealogia da moral*, Friedrich Nietzsche (1887) • *As duas fontes da moral e da religião*, Henri Bergson (1932) • *Os justos*, Albert Camus (1950) • **FILMES:** *Pinóquio*, Hamilton Luske e Ben Sharpsteen (1940) • *O advogado do diabo*, Taylor Hackford (1997) • *Kiriku e a Feiticeira*, Michel Ocelot (1998) • *O Senhor dos anéis*, Peter Jackson (2001-2003) • *Jogos do apocalipse*, John Huddles (2013) • **QUADRINHOS:** *Rahan*, André Chéret e Roger Lécureux (1998).

A morte

Ela é um contrassenso que dá sentido à vida.
Vladimir Jankélévitch, La Mort

Problemática
O que é a morte? É o fim da vida? O início de outra vida? Um nada ou um renascimento? Uma etapa, uma passagem? É melhor ser mortal ou imortal?

Não é
O nascimento: o começo da vida para um ser vivo, independentemente do organismo procriador.

Exemplo: após o nascimento, a prole dos mamíferos precisa dos seus semelhantes para se desenvolver.

A imortalidade: estado de um ser vivo que não poderia morrer por um período de tempo indefinido, até mesmo eterno.

Exemplo: segundo as lendas, os vampiros são seres imortais que não conhecem a decrepitude do tempo.

É diferente
Da vida: fato de existir, de participar nos fenômenos biológicos como beber, comer, se reproduzir etc.

Exemplo: Quando eu durmo, com o meu corpo em repouso, continuo a viver, pois respiro e o meu coração bate sem que eu tenha consciência disso.

Da velhice: último período da vida, caracterizado por um desgaste das funções físicas e intelectuais, que assinala a evolução de um organismo vivo para a morte.

Exemplo: Na África se diz que, "quando um velho morre, é uma biblioteca que se queima", pois desaparecem com ele todo um conhecimento e toda uma experiência de uma vida.

Etimologia
Do latim *mors*, o cessar da vida.

Definição dominante
A morte permanece o mistério metafísico da existência; assim, a única definição que temos corresponde àquilo que verificamos fisicamente, isto é, uma cessação, um fim completo e definitivo da vida.

Citações/Reflexões

> *"Filosofar é aprender a morrer".*
> **Platão, Fédon.**

A morte causa medo? Devemos ignorar a morte? Ela tem um sentido?

> *"Não há nada em que o homem livre pense menos do que na morte, e a sua sabedoria é uma meditação não sobre a morte, mas sobre a vida".* **Baruch de Espinosa, Ética.**

Pensar sobre a morte nos ensina a viver? Sem a morte, haveria uma moral? É a nossa morte ou a morte dos outros que nos entristece?

> *"A morte nada é para nós [...].*
> *Enquanto existimos, a morte não existe, e quando*
> *a morte existe, nós já deixamos de ser".*
> **Epicuro, Carta sobre a felicidade (A Meneceu).**

Posso fazer a experiência da morte? A morte é uma dor ou um alívio? É o fim do tempo ou a eternidade? Morrer será regressar ao estado anterior à existência?

Referências
LIVROS: *Fédon*, Platão • *Carta sobre a felicidade (A Meneceu)*, Epicuro • *A morte feliz*, Albert Camus (1997) • **FILMES:** *Túmulo dos vagalumes*, Isao Takahata (1988) • *Fonte da vida*, Darren Aronofsky (2006) • *Além da vida*, Clint Eastwood (2011) • **SÉRIES:** *A sete palmos*, Alan Ball (2001-2005) • **QUADRINHOS:** *Maus*, Art Spiegelman (2005).

O outro

> *O outro, peça fundamental do meu universo [...]. O baluarte mais seguro é o nosso irmão, o nosso vizinho, o nosso amigo ou o nosso inimigo, mas alguém, grandes deuses, alguém!*
> Michel Tournier, Sexta-feira ou os limbos do Pacífico

Problemática
Quem é o outro? Ele se parece comigo? Quais são as diferenças entre mim e o outro? Quem sou eu para os outros? O que nós podemos saber do outro?

Não é
Eu: a pessoa que "eu" sou, o sujeito singular que eu encarno com a adição da minha história única, da minha própria experiência, das minhas qualidades, dos meus defeitos e gostos específicos.

Exemplo: Eu, Samantha, 9 anos, de Montpellier etc.

É composto por
O outro: o que é diferente de mim. Conjunto de seres humanos. E dos outros seres vivos sencientes como os animais?

Exemplo: Os meus pais, o meu amigo/a minha amiga, o vizinho, o/a desconhecido/a.

O mesmo: mas o outro é semelhante a mim, se parece comigo; apesar das nossas diferenças, nós pertencemos à humanidade por via de características similares.

Exemplo: o outro e eu temos um rosto, e, se não falarmos a mesma língua, podemos sorrir ou fazer uma careta um para o outro.

Etimologia
Do latim *alter*, que significa outro; o outro não sou eu.

Definição dominante

O outro é um "alter ego", um outro eu. *Alter* é um outro; pelas nossas diferenças, essa alteridade gera dificuldades de compreensão. Ego, ele é um outro "eu", um "tu". O outro e eu vivemos num mundo em comum, no qual nós tecemos relações como no diálogo.

Citações/Reflexões

> *"'Faz aos outros o que queres que te façam a ti' inspira a todos os homens esta outra máxima de bondade natural, muito menos perfeita, mas talvez mais útil que a precedente: 'Faz o teu bem causando ao outro o mínimo de mal possível'".*
> **Jean-Jacques Rousseau, *Discurso sobre a origem e os fundamentos da desigualdade entre os homens*.**

O outro quererá necessariamente aquilo que eu quero? Eu posso saber o que o outro quer?

> *"Na experiência do diálogo constitui-se entre mim e o outro um terreno comum, o meu pensamento e o dele formam um único tecido [...] do qual nenhum de nós é o criador".*
> **Maurice Merleau-Ponty, *Fenomenologia da percepção*.**

De que forma o diálogo com o outro é interessante? O diálogo nos permite conhecer melhor o outro? Posso mudar de ponto de vista falando com o outro?

> *"O outro é o mediador indispensável entre mim e mim mesmo".*
> **Jean-Paul Sartre, *O ser e o nada*.**

Em que medida o outro é o reflexo daquilo que eu sou? Devemos temer o olhar do outro? A consciência de si mesmo implica a do outro?

Referências

LIVROS: *Discurso sobre a origem e os fundamentos da desigualdade entre os homens*, Jean-Jacques Rousseau (1755) • *Huis-clos (À porta fechada)*, Jean-Paul Sartre (1947) • *Ender's game and speaker for the dead*, Orson Scott Card (1985) • **FILMES:** *O homem elefante*, David Lynch (1980) • *Pocahontas*, Mike Gabriel e Eric Goldberg (1995) • *X-Men – O filme*, Bryan Singer (2000) • *Morse*, Tomas Alfredson (2009) • **SÉRIES:** *True Blood*, Alan Ball (2008-2014) • **QUADRINHOS:** *Neandertal*, Emmanuel Roudier Delcourt (2007-2011).

A religião

A religião é o ópio do povo.
Karl Marx

Problemática
O que torna a religião um fenômeno universal? Acreditar é saber? Posso verificar a existência de Deus? Acreditar nos ajuda a viver? Todas as religiões pressupõem a existência de Deus? Para que servem as religiões? Por que existem várias religiões? Por que razão as religiões geram violência?

Não é
O ateísmo: negar a existência de Deus (ou de deuses) e pensar que não há vida após a morte.

Exemplo: O ateu pensa que a única vida possível é aquela que vivemos agora e que Deus é uma invenção humana.

É diferente
Do agnosticismo: doutrina que considera a existência ou não de Deus inacessível ao espírito humano e assume uma completa ignorância a respeito da natureza profunda, da origem e do destino do universo e do homem.

Exemplo: Deus criou o ser humano à sua imagem ou foi o ser humano que criou Deus à sua imagem? O agnóstico não toma partido, não decide e aceita o mistério.

Da superstição: crença irracional que é uma mistura de ignorância, desejos e receios.

Exemplo: acreditar que depois da meia-noite se deve entrar em casa andando para trás para não permitir a presença dos espíritos malignos.

Etimologia

Religião vem de *religare*, isto é, aquilo que liga, que une Deus aos homens ou os homens entre eles.

Definição dominante

A religião é um fenômeno muito antigo e quase universal, um conjunto de crenças e rituais que estrutura as relações entre os humanos em torno de uma fé e de um invisível que os ultrapassa.

Citações/Reflexões

"Os homens, na sua maioria, gostam da sua religião apenas por hábito. [...] Eles seguem os caminhos que os seus pais lhes traçaram". **Paul Henri Thiry D'Holbach, O cristianismo desvelado.**

Deus é uma crença ou um saber? Ter uma religião é natural ou cultural? Trata-se de uma escolha pessoal?

"Por que, então, o mar estava agitado? [...] E assim, mais e mais, não cessarão de interrogar pelas causas das causas, até que te refugies na vontade de Deus, esse asilo da ignorância". **Baruch de Espinosa, Ética.**

É a fraqueza do indivíduo que o faz acreditar no poder de um deus? Raciocinar e crer são compatíveis? A razão deve considerar toda crença como superstição?

"O fanatismo é um monstro que ousa se dizer o filho da religião". **Voltaire, Tratado sobre a tolerância.**

"Deus não tem religião". **Gandhi.**

O que distingue um crente de um fanático? Como se manifesta o pertencimento a uma religião? Uma sociedade pode existir sem religião?

Referências

LIVROS: *Tratado teológico-político*, Baruch de Espinosa (1670) • *O futuro de uma ilusão*, Sigmund Freud (1927) • *Petit traité d'histoire des religions* [Breve tratado sobre a história das religiões], Frédéric Lenoir (2008) • *Croyance*, Jean-Claude Carrière (2015) • **FILMES:** *O nome da rosa*, Jean-Jacques Annaud (1986) • *Persépolis*, Marjane Satrapi e Vincent Paronnaud (2008) • *Alexandria*, Alejandro Amenábar (2009) • *Homens e deuses*, Xavier Beauvois (2010) • **SÉRIES:** *Ainsi soient-ils*, David Elkaim (2012) • **QUADRINHOS:** *O gato do rabino*, Joann Sfar (2002).

O ser humano

A gente não nasce homem, se torna homem.
Erasmo de Roterdã

Problemática
O que é um humano? O ser humano é um animal como outro qualquer? Os indivíduos são seres singulares na natureza? O ser humano mudou ao longo da história?

Não é
Uma máquina: uma ferramenta ou um aparelho capaz de fazer um trabalho ou de executar tarefas sob a direção de uma operação humana ou de forma autônoma.

Exemplo: Um automóvel ou um avião são máquinas que facilitam o deslocamento.

Um vegetal: ser vivo, fixado no solo, dotado de uma sensibilidade diferente da dos animais, que se alimenta essencialmente de sais minerais e de gás carbônico.

Exemplo: Uma planta é um vegetal que utiliza as suas flores como meio de reprodução.

É composto por
Animal: ser vivo, animado, dotado de sensibilidade e capaz de se deslocar, que age de acordo com um instinto e uma inteligência mais ou menos desenvolvida segundo a espécie.

Exemplo: Várias experiências demonstram que os elefantes e os corvos se reconhecem como seres singulares quando veem a sua imagem num espelho.

Natureza: a natureza reúne o conjunto dos reinos mineral, vegetal e animal, no qual se inclui o ser humano. A natureza tem como característica transmitir, por meio dos genes, as leis da hereditariedade. No nascimento, certos comportamentos já estão determinados, falamos de comportamentos inatos.

Exemplo: na natureza, o bebê tartaruga nada instintivamente e se dirige para o oceano; já o bebê humano é incapaz de sobreviver sozinho.

Cultura: o que é adquirido por meio da educação, por meio de uma herança cultural transmitida de geração em geração no seio de uma coletividade. A cultura transforma a natureza humana. Assim, o homem nasce naturalmente "inacabado" e aprende costumes, crenças, modos de vida particulares que variam segundo as épocas e os lugares.

Exemplo: os deuses diferem de uma cultura para outra: Santíssima Trindade para os cristãos; Alá para os muçulmanos; Inti, o deus-sol dos incas; Brahma, Vishnu e Shiva para os hindus...

Etimologia
Do latim *homo*, que significa homem, ser humano. Proveniente de *húmus*, que é a matéria orgânica resultante da decomposição de plantas e animais mortos que se deposita no solo.

Definição dominante
O ser humano é, no reino animal, um mamífero pertencente à espécie humana. A especificidade do *Homo sapiens* é difícil de definir: muitos animais utilizam ferramentas, outros têm uma forma de linguagem etc. Dotado de razão, o humano tem uma linguagem elaborada particular e aptidões para a introspecção, a abstração e a espiritualidade.

Citações/Reflexões

> "O homem nada mais é do que aquilo que ele faz de si mesmo".
> **Jean-Paul Sartre, *O existencialismo é um humanismo*.**

Como nos tornamos humanos? Um humano pode praticar atos desumanos? Poderíamos dizer que isso está na sua "natureza"?

> "Não é mais natural ou menos convencional gritar de raiva ou abraçar por amor do que chamar de mesa uma mesa [...]. É impossível sobrepor no homem uma primeira camada de comportamentos que designaríamos como 'naturais' e um mundo cultural ou espiritual fabricado. Tudo é fabricado e natural no homem...".
> **Maurice Merleau-Ponty, *Fenomenologia da percepção*.**

Em que o ser humano é um "ser natural"? Em que o ser humano é um "ser cultural"? Chorar, por exemplo, é uma atitude feminina? A cultura pode ser desumanizadora?

> "Como todo o organismo vivo, o ser humano está geneticamente programado, mas ele está programado para aprender [...]. O que é atualizado se constrói pouco a pouco durante a vida por interação com o meio".
> **François Jacob, *O jogo dos possíveis*.**

Um indivíduo pode mudar? Em que medida o meio natural, bem como o ambiente familiar ou cultural podem moldar o indivíduo? De que forma o ser humano modifica o seu comportamento?

Referências
LIVROS: *Humano, demasiado humano*, Friedrich Nietzsche (1878) • *O existencialismo é um humanismo*, Jean-Paul Sartre (1946) • *Por que almocei meu Pai*, Roy Lewis (1993) • **FILMES:** *A guerra do fogo*, Jean-Jacques Annaud (1982) • *Adama*, Simon Rouby (2015) • **SÉRIES:** *Real Humans*, Harald Hamrell e Levan Akin (2013-2014) • **QUADRINHOS:** *O grande poder do Chninkel*, Van Hamme e Rosinski (2024).

A sociedade

> A necessidade de sociedade, nascida do vazio e da monotonia da sua vida interior, impele os homens uns para os outros. No entanto, as suas numerosas maneiras de serem antipáticos e os seus insuportáveis defeitos tornam a dispersá-los.
> Arthur Schopenhauer, Parerga e Paralipomena

Problemática
O que é a sociedade? O que é viver em sociedade? O ser humano é feito para viver em sociedade?

Não é
O indivíduo: ser humano único, que tem as suas características próprias, o seu físico, a sua personalidade etc.

Exemplo: Para Schopenhauer, os indivíduos são como os porcos-espinhos que, no inverno, buscam o seu lugar aproximando-se dos seus semelhantes para se proteger do frio e da solidão, mantendo-se suficientemente afastados para se preservar dos seus espinhos que causam feridas.

É diferente
Da família: grupo de indivíduos que tem laços de parentesco pelo sangue ou por aliança.

Exemplo: Para o ser humano, o grupo é essencial, pois os mais novos precisam dos seus congêneres para sobreviverem.

Do Estado: instituição política que encarna a autoridade superior organizando a vida em sociedade.

Exemplo: Na França, o presidente da República exerce a função mais alta do Estado; ele é chamado de chefe de Estado.

Etimologia
Do latim *societas/socius*, que significa "companheiro", associado.

Definição dominante

A sociedade é um grupo de indivíduos fundado sobre relações de interdependência, organizado por regras comuns. Os membros são ligados socialmente por uma história, uma cultura, uma língua compartilhada.

Citações/Reflexões

"O homem é por natureza um animal político, e aquele que não consegue viver em sociedade ou é uma fera selvagem ou um deus".
Aristóteles, Política.

O ser humano pode viver fora da sociedade? O indivíduo é naturalmente sociável? Os elos sociais são naturais ou culturais?

"O que faz nascer uma cidade é a impotência de cada indivíduo de se bastar a si mesmo, e a necessidade que ele sente de numerosas coisas".
Platão, A República.

O que acrescenta ao ser humano a vida em sociedade? A sociedade permite aos indivíduos viverem melhor? O ser humano precisa dos outros? Para que servem as trocas entre membros de uma sociedade?

"Insociável sociabilidade dos homens, isto é, a sua tendência para formarem uma sociedade, tendência que está, todavia, aliada a uma constante resistência a fazê-lo, que ameaça incessantemente dividir essa sociedade".
Immanuel Kant, *Ideia de uma história universal de um ponto de vista cosmopolita*.

Por que razão é difícil viver em sociedade? A sociedade é uma limitação? A sociedade nos determina? A sociedade nos permite sermos livres?

Referências

LIVROS: *A República*, Platão • *Política*, Aristóteles • *Ensaio sobre a dádiva*, Marcel Mauss (1924) • *1984*, George Orwell (2009) • *As estruturas elementares do parentesco*, Claude Lévi-Strauss (1976) • **FILMES:** *Na natureza selvagem*, Sean Penn (2008) • *A onda*, Dennis Gansel (2008) • *Jogos vorazes*, Gary Ross (2012) • **SÉRIES:** *Lost*, J.J. Abrams (2005-2010) • **QUADRINHOS:** *L'Essai*, Nicolas Debon (2015).

O tempo

O que é, afinal, o tempo? Quando não me perguntam, eu sei, mas quando me perguntam, e quero explicar, já não sei.
Santo Agostinho, Confissões

Problemática
O que é o tempo? Do que é composto? O tempo foge o tempo todo? Qual impacto o tempo tem sobre nós?

Não é
O espaço: extensão maior ou menor, em três dimensões, dentro da qual é possível se deslocar.

Exemplo: na sua história, o ser humano progrediu no domínio de seus deslocamentos no espaço. Por intermédio de meios sofisticados ele viaja sobre terra, mar, céu e espaço.

É diferente
Da duração: o tempo tal como é vivido pela consciência do indivíduo. É um tempo subjetivo e que não tem a mesma medida para todo mundo.

Exemplo: Uma hora de espera e de tédio no dentista nos parece bem mais longa do que uma hora de diversão com os amigos.

Da eternidade: situação fora do tempo, que não tem nem início nem fim, e que por isso não é mensurável.

Exemplo: "*Fora do tempo não há nada, há a eternidade e há o vazio.* […] *Se existe um Deus, Ele está fora do tempo*". Jean d'Ormesson.

Etimologia
Do latim *tempus*.

Definição dominante

O tempo é imaterial; podemos medi-lo, mas jamais retê-lo. O tempo pode surgir como uma linha em que o presente flui entre o passado que ficou para trás e o futuro que há de vir, ou como uma roda num movimento cíclico que se repete.

Citações/Reflexões

> "A única lei do universo que não está sujeita à mudança é que tudo muda, tudo é impermanente".
> **Buda**

O que o tempo muda? Podemos continuar a ser sempre os mesmos? O tempo destrói tudo? O tempo é um aliado ou um inimigo?

> "O que é próprio do tempo é fazer aparecer o desconhecido e fazer desaparecer o conhecido".
> **Jean d'Ormesson.**

Por que sentimos nostalgia do passado? Por que ficamos impacientes com o futuro? O passado e o futuro existem? Podemos dizer que o tempo é nosso mestre?

> "A verdadeira generosidade para com o futuro consiste em dar tudo ao presente".
> **Albert Camus, O homem revoltado.**

Podemos viver o tempo presente? Por que isso é tão difícil? De que forma pensar no futuro modifica o presente? Posso prever, antecipar o futuro?

Referências

LIVROS: *Timeu*, Platão • *A intuição do instante*, Gaston Bachelard (2010) • *A evolução da física*, Albert Einstein e Leopold Infeld (1980) • *O tempo em marte*, Philip K. Dick (2020) • **FILMES:** *Os mestres do tempo*, René Laloux (1982) • *De volta para o futuro*, Robert Zemeckis (1985) • *Efeito borboleta*, Eric Bress (2006) • *O curioso caso de Benjamin Button*, David Fincher (2009) • *Sr. Ninguém*, Jaco van Dormael (2009) • *O predestinado*, Michael e Peter Spierig (2014) • **SÉRIES:** *Journeyman*, Kevin Falls (2007) • **QUADRINHOS:** *A coroa de Ogotai* (da série: *Thorgal*), Grzegorz Rosiński e Jean Van Hamme (1995).

O trabalho

> Entendo trabalho livre, efeito de poder ao mesmo tempo que fonte de poder. Mais uma vez, não se trata de sofrer, mas de agir.
> Alain, Propos sur le bonheur [Sobre a felicidade]

Problemática
O que é o trabalho? Por que trabalhamos? É necessário trabalhar? Podemos ser felizes sem nunca trabalhar?

Não é
O lazer: tempo livre, à margem das ocupações comuns e que nos permite nos distrairmos, pensarmos, meditarmos...
Exemplo: jogar bola, *videogames*, ler, desenhar, conversar etc.
Ociosidade: ausência de ocupação, inatividade.
Exemplo: Quando fico às voltas sem saber o que fazer, me aborreço.

É diferente
De uma obra: a criação de um artista, que tem um começo, a ideia e um fim, o produto acabado.
Exemplo: de um bloco de mármore bruto, Michelangelo criou a escultura David.
De uma técnica: conjunto de processos práticos e competências metódicas usado numa disciplina, num ofício, numa arte.
Exemplo: A peridural é uma técnica médica de anestesia utilizada em partos.

Etimologia
Do latim *tripalium*, um instrumento de tortura.

Definição dominante

O trabalho é uma atividade que exige esforço, que visa transformar elementos naturais, criar ou produzir novos bens, novas ideias. O ser humano trabalha na maioria das vezes para obter uma remuneração que garanta o seu sustento.

Citações/Reflexões

> *"O trabalho é, em primeiro lugar, um ato que ocorre entre o homem e a natureza [...]. Ao mesmo tempo que ele age através deste movimento sobre a natureza exterior e a modifica, ele modifica a sua própria natureza, e desenvolve faculdades que tinha adormecidas".*
> **Karl Marx, O capital.**

O trabalho é benéfico ao indivíduo? O trabalho desnatura os indivíduos? De que forma o trabalho permite que o indivíduo trabalhe também sobre si próprio?

> *"E, todavia, o trabalho, enquanto via para alcançar a felicidade, é pouco apreciado pelos homens".*
> **Sigmund Freud, O mal-estar na civilização.**

O trabalho causa felicidade ou infelicidade ao ser humano? O trabalho é penoso ou prazeroso? O que ganhamos em trabalhar? O trabalhador não perde a sua vida ao ganhar a vida?

> *"Escolha um trabalho que você ama e não terá que trabalhar um único dia em sua vida".*
> **Confúcio.**

É normal não gostarmos do nosso trabalho? É fácil escolhermos o nosso trabalho? Se amamos o nosso trabalho, ainda assim, é trabalhar?

Referências

LIVROS: *O capital*, Karl Marx (1872) • *Propos sur le bonheur* [Sobre a felicidade], Alain (1925) • **FILMES:** *Tempos modernos*, Charlie Chaplin (1936) • *O rei e o pássaro*, Paul Grimault (1980) • **SÉRIES:** *Trepalium*, Antarès Bassis e Sophie Hiet (2016) • **QUADRINHOS:** *Va'a: une saison aux Tuamotu* [Va'a: Uma estação em Tuamotus], Flao e Troubs (2014).

A verdade

A fé na verdade começa com a dúvida a respeito de todas as verdades nas quais acreditávamos até ao presente.
Friedrich Nietzsche, Humano, demasiado humano

Problemática
A verdade é evidente? Qual é a sua ligação com a realidade? Há uma ou várias verdades?

Não é
A opinião: maneira de pensar sobre uma questão ou um assunto, juízo pessoal que não é necessariamente correto.

Exemplo: "O tubarão é um animal comedor de pessoas" é uma opinião errada, pois apenas cerca de dez espécies (em mais de 500) são perigosas.

É diferente
Do erro: fato de se enganar. É uma falha de boa-fé, cometida sem vontade deliberada de alterar a verdade.

Exemplo: O dia 25 de dezembro não é o dia do nascimento de Jesus Cristo. Ele corresponde à Festa do Sol *invictus* do Império Romano. Perpetuamos a tradição sem saber que se trata de um erro histórico.

Da mentira: produzida por alguém que conhece a verdade, mas que a modifica propositalmente com o intuito de enganar alguém. Pode moral e juridicamente se considerar um erro.

Exemplo: quando trapaceamos num jogo de cartas, estamos escondendo a verdade deliberadamente.

Da ilusão: crença resultante dos desejos humanos, que leva a pessoa iludida a agarrar-se ao seu erro subjetivo e que a impede de ouvir argumentos objetivos.

Exemplo: acreditar que todos os seus contatos no Facebook são amigos de verdade.

Etimologia
Vem do latim *veritas*.

Definição dominante
A verdade é de natureza abstrata. É um juízo conforme a realidade, uma correspondência entre os pensamentos, as palavras e o real. Essa correspondência pode, ainda assim, ser falsa e alterada por um erro de percepção (um pau mergulhado na água parece dobrar-se) ou de interpretação (as lágrimas podem ser de tristeza ou de alegria).

Citações/Reflexões

> "O homem é a medida de todas as coisas".
> **Protágoras.**

Podemos dizer "verdade, cada um tem a sua"? O que é verdadeiro não deveria ser verdade para todos? Por que razão é importante duvidar? Podemos mentir para nós mesmos?

> "*A verdade não está ao nosso alcance*".
> **Blaise Pascal, Pensamentos.**

É possível alcançar a verdade? Basta raciocinar? Até que ponto argumentos e provas são necessários?

> "*Todo aquele que pensa começa sempre por se enganar [...] e todas as verdades, sem exceção, são erros retificados*".
> **Alain, Vigiles de l'esprit.**

Por que razão errar é humano? As aparências iludem? De que forma a interpretação de um fato pode nos induzir ao erro?

Referências
LIVROS: *Teeteto*, Platão • *Crítica da razão pura*, Immanuel Kant (1787) • *Para cada um sua verdade*, Luigi Pirandello (1916) • *1984*, George Orwell (2009) • **FILMES:** *Show de Truman*, Peter Weir (1998) • *Peixe grande*, Tim Burton (2004) • *A fita branca*, Michael Haneke (2009) • **QUADRINHOS:** *O filho das estrelas* (da série: *Thorgal*), Grzegorz Rosiński e Jean Van Hamme (2002).

A violência

A violência, uma força fraca.
Vladimir Jankélévitch, Le pur et l'impur

Problemática
O que é a violência? A violência não é apenas física? É sempre má? A violência não é uma admissão de fraqueza? Como responder a ela?

Não é
O respeito: atitude de consideração, de estima em relação a uma pessoa, uma regra, uma lei que julgamos válida e que nos leva a aplicá-la ou não violá-la.

Exemplo: eu deixo de telefonar dentro do trem, se isso incomoda os outros passageiros.

A não violência: método de ação que se abstém de recorrer à violência para responder à violência.

Exemplo: Mahatma Gandhi usou essa prática para descolonizar o seu país, a Índia, do poder inglês.

É diferente
Do conflito: confronto entre pessoas ou grupos, em que cada um se esforça para fazer triunfar as suas ideias.

Exemplo: A luta travada para defender uma causa não é necessariamente violenta, podendo seguir a via do diálogo por meio da troca de argumentos.

Etimologia
A violência tem uma dupla etimologia latina: *violentia*, que significa "abuso da força"; e *violare*, que significa "violar", "agir contra" (dizemos que violamos uma lei quando não a respeitamos).

Definição dominante

A violência é toda a expressão de uma potência intensa, agressiva, excessiva, desmesurada, que impacta o outro e a si mesmo.

Citações/Reflexões

> *"O homem é o lobo do homem".*
> **Thomas Hobbes, Leviatã.**

O ser humano é violento por natureza? O conflito entre humanos é natural ou cultural? Esse conflito pode ser benéfico?

> *"O Estado contemporâneo reivindica para si, com sucesso, o monopólio da violência física legítima [...]. Este passa, assim, por única fonte do direito à violência".*
> **Max Weber, Le savant et le politique.**

Quem tem o direito de ser violento? A sociedade nos protege da violência de outrem? A sociedade participa na produção de violência?

> *"A violência se dá sempre por uma contraviolência, isto é, por uma resposta à violência do outro".*
> **Jean-Paul Sartre, Crítica da razão dialética.**

Somos responsáveis pela violência dos outros? É legítimo responder à violência por meio da violência? A violência pode ser superada?

Referências

LIVROS: *Leviatã*, Thomas Hobbes (1651) • *Justine: ou os tormentos da virtude*, Marquês de Sade (1791) • *Frankenstein*, Mary Shelley (1818) • *A violência e o sagrado*, René Girard (1972) • **FILMES:** *Gandhi*, Richard Attenborough (1982) • *Laranja mecânica*, Stanley Kubrick (1971) • *A outra história americana*, Tony Kaye (1998) • *Elefante*, Gus van Sant (2003) • *Entre os muros da escola*, Laurent Cantet (2008) • *Mary e Max – Uma amizade diferente*, Adam Elliot (2010) • *Apenas Deus perdoa*, Nicolas Winding Refn (2013) • **SÉRIE:** *Roma*, John Milius (2005) • **QUADRINHOS:** *Murena*, Jean Dufaux e Philippe Delaby (1997).

EPÍLOGO

A experiência da prática da atenção plena e das oficinas filosóficas com as crianças me parece essencial para promover a exigência educativa. A meditação permite às crianças se interiorizarem, se acalmarem, gerir as próprias emoções e se concentrarem melhor. As oficinas de filosofia treinam o domínio da expressão oral, fornecem referências construtivas para raciocinar, organizam as discussões com rigor, mas não sem humor! Elas ensinam a lucidez e o discernimento. Contrariam a facilidade. Impõem questionamentos pertinentes e controversos. Favorecem o prazer da troca.

Realizar sessões de filosofia com as crianças é uma iniciativa que requer tempo, é um trabalho a se desenvolver com regularidade, modéstia e perseverança. Mas se obtêm resultados já extraordinários em apenas alguns meses!

Assim, rapidamente a pergunta que me fiz foi a seguinte: Como tornar essa experiência duradoura e torná-la possível em todas as escolas? Aliás, durante o ano passado dedicado a preparar, viver e contar essas oficinas, fui contatado por várias pessoas e associações que haviam ouvido falar do meu projeto e que desenvolviam, por sua vez, oficinas de filosofia ou atividades meditativas. Percebi então que essas se realizavam um pouco por todo o mundo francófono, como também no mundo anglo-saxônico, numerosas experiências que mereciam ser conhecidas, apoiadas e desenvolvidas.

Assim me veio a ideia de criar uma fundação que teria várias missões, sob a égide da Fondation de France (organismo privado francês, de utilidade pública e independente, que incentiva e transforma as iniciativas com caráter filantrópico em ações de interesse geral, úteis e duradouras):

• Federar e dar visibilidade, por meio de uma página na internet, a essas iniciativas dispersas.

• Apoiar financeiramente aqueles que precisam.

• Recensear os animadores de oficinas de filosofia ou de prática da atenção plena para que os professores e os diretores das escolas possam solicitar os seus serviços.

• Abrir e financiar uma escola de formação de animadores e formadores de oficinas de meditação e filosofia.

Quando conheci os responsáveis da Fondation de France, eles me apresentaram Martine Roussel-Adam, igualmente interessada em promover o saber ser e o viver em conjunto por meio da educação. Martine fundou a Associação Chemins d'Enfances (Caminhos de Infâncias), que desenvolve há quase uma década os programas de educação para crianças em situação de vulnerabilidade. Ela está igualmente muito envolvida na economia social e solidária enquanto presidente da Associação Fonds Ashoka.

Desse feliz encontro nasceu a Fundação Seve, *Savoir Être et Vivre Ensemble* (Saber Ser e Viver em Conjunto), cuja razão de existir pode ser definida em algumas palavras.

Preocupados com o mal-estar de muitos jovens e com a falta de adequação aos grandes desafios sociais por parte de um ensino ainda muito baseado na acumulação de saberes, desejamos contribuir para um renovar da educação. Ensinar às crianças, desde tenra idade, a pensar por si mesmas, a lidar com as suas emoções, a desenvolver a própria criatividade, a demonstrar empatia, a cooperar com pessoas de culturas diferentes e prepará-las para se tornarem cidadãos confiantes, ativos e responsáveis nos parece fundamental. A Fundação Seve tem por objetivo apoiar, dar visibilidade e acompanhar projetos que favoreçam o desenvolvimento de competências de saber ser e de saber viver em conjunto ou, para usar a fórmula de Montaigne, que privilegiem "as cabeças bem-feitas em vez das cabeças bem cheias".

Um site (www.fondationseve.org) conecta os atores educativos que promovem o saber ser e o saber viver juntos e, em especial, as atividades filosóficas e meditativas nas escolas. Convido as pessoas e as associações, caso queiram, a se manifestarem (contact@asso.seve.org). A fundação apoiará financeiramente associações, na medida das suas capacidades, e atribuirá um prêmio anual para recompensar as iniciativas que favoreçam o despertar da consciência das crianças e as suas capacidades de saber ser e saber viver em conjunto. Martine e eu mesmo assumimos perante a Fondation de France – que vai gerir os recursos atribuídos à fundação – o compromisso de contribuir com uma parte dos nossos rendimentos pessoais para desenvolver a Seve; mas qualquer pessoa, ou empresa, que deseje nos apoiar pode consultar a página da fundação na internet. As necessidades são, obviamente, imensas.

Um dos principais objetivos da fundação consiste em organizar e financiar uma escola de formação de animadores e formadores para as oficinas de meditação e filosofia. Esse curso, inteiramente gratuito, desenrola-se ao longo de um ano escolar e vai multiplicar o número de pessoas capazes de conduzir oficinas de filosofia e sessões de meditação guiada. Ele se constituirá, dessa forma, em uma rede de formadores aptos a intervir diretamente junto aos professores, seja durante os seus estudos de mestrado, seja por meio da formação contínua proposta pelo Ministério da Educação Nacional e pelas diferentes academias.

Falei desse projeto ao meu amigo Abdennour Bidar, inspetor geral de filosofia, e o convidei para assistir a uma oficina. Convencido, ele também, da importância de desenvolver debates filosóficos desde a escola primária, por meio de cursos semanais de educação moral e cívica, ele me apresentou à ministra da Educação Nacional, que se mostrou muito favorável a esse projeto.

A Seve trabalhará assim, numa ligação estreita com o ministério, mas também com todas as escolas privadas interessadas, que convido a nos contatarem.

Uma formação de cinquenta pessoas – assegurada por mim próprio e por uma dezena de outros intervenientes (experientes na prática da meditação e nas oficinas de filosofia, ou psicólogos infantis) – teve início em setembro de 2016 na região de Ródano-Alpes, e outras estão previstas para diversas regiões da França. Para frequentarem esses cursos (ou participar deles como formadores, consoante as suas competências), os interessados poderão se inscrever por meio da página de internet da Seve. Serão realizadas jornadas de apresentação dos cursos e seleção de candidatos na França, na Bélgica, na Suíça e no Quebeque.

Václav Havel dizia que, perante a revolução tecnológica e as perturbações causadas pela rápida globalização do mundo – com todos os sobressaltos trágicos que daí resultam e que vivemos neste momento –, seria necessária uma revolução da consciência humana. A educação, porque ela desperta a consciência de uma criança e lhe permite desenvolver uma inteligência emocional e um pensamento crítico diante das ideologias políticas ou religiosas, constitui a médio e longo prazos a chave para melhorar a vida em conjunto. É, assim, urgente trabalhar nesse sentido!

AGRADECIMENTOS

Agradeço, em primeiro lugar, do fundo do meu coração, às crianças das 18 turmas que participaram das oficinas de filosofia. Obrigado a cada um de vocês pelo entusiasmo em praticar a meditação e a filosofia. Vocês também me tocaram e me trouxeram muita coisa: nunca os esquecerei, mesmo que não aconteça de nos revermos para realizar oficinas. Um grande obrigado também aos seus pais, que aceitaram que vocês fossem filmados e fotografados.

Obrigado aos professores pelo modo acolhedor como me receberam, e em especial às professoras que me abriram as portas das suas salas de aula, ao longo de vários meses, para as oficinas regulares: Bernadette, Sylvie, Nathalie, Élodie e Lana em Genebra, onde essa aventura começou; Nathalie Casta e Michèle Bianucci em Brando; Catherine Houzel em Paris; Stéphanie Lauras e Sophie Maire em Pézenas; Stéphanie Derayemaeker e Aurélie Néruez em Molenbeek; Cathy Bocobza em Mouans-Sartoux.

Agradeço também aos diretores e às diretoras das escolas, e a todos aqueles que trabalham nas escolas e nas prefeituras e que contribuíram para a realização dessas oficinas. Um grande obrigado especialmente a Catherine Firmenich, Marie-Jeanne Trouchaud (e pelas suas excelentes fotografias e pelo seu empenho na Fundação Seve), Alain Vogel-Singer, Florence Loth, Gérard Duffour, Marie-Pierre Vidal, Paul Lestiennes, François Combescure, Daphné Tailleux. Obrigado, do fundo do meu coração, a Isabelle Wieber pela oficina de filosofia realizada com crianças portadoras de deficiência em Nice, e a Linda Maola e Lotti Lattrous pela sessão feita no orfanato de Abidjan. Um obrigado todo especial a Liliana Lindenberg pela sua participação atuante na Fundação Seve, pela elaboração do livro de fotografias das crianças durante as oficinas e pelo seu maravilhoso sorriso que me acompanhou desde o começo nessa aventura. Um grande obrigado a Stella Delmas por sua paciente transcrição das oficinas de filosofia, a Stephen Sicard (Logos) pela magnífica música que ele compôs para o CD de meditação guiada, e a Olivier Barbarroux por sua ajuda preciosa na redação das fichas conceituais.

Eu agradeço muito afetuosamente a todos aqueles que animam comigo a Fundação Seve, a começar por Martine Roussel-Adam, Abdennour Bidar; e também Philippe Lagayette, Dominique Lemaitre e Mathilde Lerosier, da Fondation de France; sem esquecer de Marie-Thérèse Pirolli, Nathalie Brochard, Edwige Chirouter, Patrick Tharrault, Bruno Giuliani, Véronique Inacio, Nastasya van der Straten Waillet, Caroline Lesire e Ilios Kotsou, da Associação Émergences.

Finalmente, um muito obrigado a Francis Esménard pela sua paciência amistosa e à minha editora, Lucette Savier, bem como a Lise Boëll, pelos seus conselhos acertados durante a elaboração deste livro.

Links úteis
Fundação Seve: www.fondationseve.org

Associação Seve: https://asso.seve.org

Contato: contact@asso.seve.org

Você poderá acompanhar o trabalho de Frédéric Lenoir por meio de seu site: www.fredericlenoir.com

Contato no Brasil: Liliana Lindenberg, cofundadora da Associação Seve.

Email: lindenberg.liliana@gmail.com

BIBLIOGRAFIA

A filosofia com as crianças

Obras práticas

CHIROUTER, Edwige. *Ateliers de philosophie à partir d'albums de jeunesse*. Vanves: Hachette, 2016. Pédagogie pratique.

COULON, Jacques de. *Imagine-toi dans la caverne de Platon*. Paris: Payot, 2015.

POUYAU, Isabelle. *Préparer et animer des ateliers philo (cycles 1 et 2)*. [S. l.]: Retz, 2016.

THARRAULT, Patrick. *Pratiquer le débat-philo à l'école*. [S. l.]: Retz, 2016.

TOZZI, Michel. *La morale, ça se discute...* Paris: Albin Michel, 2014.

Obras teóricas

ABÉCASSIS, Nicole-Nikol. *Lettre aux enfants gâtés*. Nice: Les Éditions Ovadia, 2015.

BEGUERY, Jocelyne. *Philosopher à l'école primaire*. [S. l.]: Retz, 2012.

CHIROUTER, Edwige. *L'Enfant, la littérature et la philosophie*. Paris: L'harmattan, 2015.

GALICHET, François. *Pratiquer la philosophie à l'école*. Marselha: Nathan, 2004.

GENEVIÈVE, Gilles. *La raison puérile*. Genebra: Labor, 2006.

LALANNE, Anne. *La philosophie à l'école*. Paris: L'Harmattan, 2009.

LELEUX, Claudine. *La philosophie pour enfants*. Louvain-la-Neuve: De Boeck, 2008.

LOOBUYCK, Patrick; SÄGESSER, Caroline. *Le vivre ensemble à l'école*. Bruxelas: Espace de libertés, 2014.

PETTIER, Jean-Charles; LEFRANC, Véronique. *Un projet pour... philosopher à l'école*. Paris: Delagrave, 2006.

PETTIER, Jean-Charles; DOGLIANI Pascaline; DUFLOCQ, Isabelle. *Un projet pour... apprendre à penser et réfléchir à l'école maternelle*. Paris: Delagrave, 2010.

SASSEVILLE, Michel. *La pratique de la philosophie avec les enfants*. Laval: Presses de l'Université Laval, 2009.

SOLEILHAC, Alain. *Renforcer la confiance en soi à l'école*. Lyon: Chronique Sociale, 2010.

TOZZI, Michel. *L'Éveil de la pensée réflexive à l'école primaire*. Vanves: Hachette, 2002.

TOZZI, Michel. *Nouvelles pratiques philosophiques*. Lyon: Chronique Sociale, 2012.

Coleções

A revista *Pomme d'Api* propõe fichas de acompanhamento pedagógico em torno das grandes noções da filosofia. Concebidas por Jean-Charles Pettier, essas fichas permitem preparar oficinas de filosofia com as crianças.

Encontramos essas grandes questões na coleção *Les p'tits philosophes*, publicada pela Editora Bayard Jeunesse.

A coleção *Les petites conférences*, também da Bayard Jeunesse, é publicação de conferências para crianças (a partir dos 10 anos), organizadas anualmente pela dramaturga e encenadora Gilberte Tsaï no Centro Dramático Nacional de Montreuil. Por exemplo: *Tu vas obéir!*, de Jean-Luc Nancy (2014); *La monnaie, pourquoi?*, de Jean-Claude Trichet (2013).

Les petits Platons, publicada pela Les petits Platons, coleção e editora fundada por Jean-Paul Mongin, evocam a vida e o pensamento de filósofos célebres. Por exemplo: *Les mystères d'Héraclite*, Yan Marchand (2015); *Moi, Jean-Jacques Rousseau*, Edwige Chirouter (2012).

Les Philos-fables, publicada pela Albin Michel, de Michel Piquemal, propõe pistas para oficinas de filosofia a partir de fábulas do mundo inteiro: *Les Philo-fables pour la Terre* (2015); *Les Philo-fables* (2008).

Chouette penser!, publicada pela Gallimard Jeunesse e dirigida por Myriam Revault d'Allonnes, aborda num ângulo filosófico questões muito variadas. Por exemplo: *À table!*, Martine Gasparov (2014); *Pourquoi on écrit des romans...* Danièle Sallenave (2010).

Les goûters philo, publicada pela Milan, cujo *slogan* é *"Pour parler de philosophie en classe"* [Para falar sobre filosofia em sala de aula], foi lançada em 2000 por Michel Puech e Brigitte Labbé (Alguns títulos existem sob a forma de CD). Por exemplo: *Les Images et les Mots*, Brigitte Labbé e Pierre-François Dupont-Beurier (2015); *Moral et pas moral*, Brigitte Labbé e Pierre-François Dupont-Beurier (2013).

Nos livros da coleção *Philoz'enfants*, da Nathan Jeunesse, dirigida por Oscar Brenifier, os grandes temas filosóficos são explorados a partir de seis questões. Por exemplo: *Qui suis-je?* (2013); *La liberté, c'est quoi?* (2012).

Philo-folies, publicada pela Père Castor e pela Flammarion, em que a abordagem filosófica se faz por meio de uma *"história na qual você é o herói"*. Por exemplo: *Et si on parlait de politique?*, Jeanne Boyer (2014); *Comment sais-tu ce que tu sais?*, Jeanne Boyer (2012).

Filme documentário

POZZI, Jean-Pierre; BAROUGIER, Pierre. *Ce n'est qu'un début*, 2010.

Sites na internet

http://www.philotozzi.com [site de Michel Tozzi].

http://agsas.fr/spip [Association des groupes de soutien au soutien. Site de Jacques Levine].

https://www.philolab.fr/ [site de l'association Philolab].

https://www.facebook.com/chaireUNESCOphiloenfants/ [página do Facebook cátedra Unesco Pratiques de la philosophie avec les enfants].

Cérebro e psicologia das crianças

FILLIOZAT, Isabelle. *Il me cherche!* Paris: Jean-Claude Lattès, 2014.

GUEGUEN, Catherine. *Pour une enfance heureuse*. [S. l.]: Robert Laffont, 2014.

SIEGEL, Daniel J. de; BRYSON, Tina Payne. *Le Cerveau de votre enfant*. Paris: Les Arènes, 2015.

A meditação e o yoga com as crianças

BILIEN, Lise; GARAMOND, Élodie. *Zen, un jeu d'enfants*. Grandir heureux grâce au yoga et à la méditation. Paris: Flammarion, 2016.

FLAK, Micheline; COULON, Jacques de. *Le manuel du yoga à l'école*. Paris: Payot, 2016.

SNEL, Eline. *Calme et attentif comme une grenouille*. Paris: Les Arènes, 2012.

Site da Associação Enfance et Attention (associação para o desenvolvimento da atenção plena com crianças e adolescentes): http://enfance-et-attention.org/

Contato: contact@enfanceetattention.org

Conecte-se conosco:

f facebook.com/editoravozes

◉ @editoravozes

𝕏 @editora_vozes

▶ youtube.com/editoravozes

◯ +55 24 2233-9033

www.vozes.com.br

Conheça nossas lojas:

www.livrariavozes.com.br

Belo Horizonte – Brasília – Campinas – Cuiabá – Curitiba
Fortaleza – Juiz de Fora – Petrópolis – Recife – São Paulo

Vozes de Bolso

EDITORA VOZES LTDA.
Rua Frei Luís, 100 – Centro – Cep 25689-900 – Petrópolis, RJ
Tel.: (24) 2233-9000 – E-mail: vendas@vozes.com.br